中日陶瓷经营史比较研究

ZHONG RI

TAOCI

JINGYINGSHI

BIJIAO

YANJIU

吴　煜◎著

江西高校出版社

JIANGXI UNIVERSITIES AND COLLEGES PRESS

图书在版编目(ＣＩＰ)数据

中日陶瓷经营史比较研究/吴煜著. --南昌:江西高校出版社,2019.11(2022.2重印)

ISBN 978 - 7 - 5493 - 9272 - 8

Ⅰ.①中… Ⅱ.①吴… Ⅲ.①陶瓷—商业经营—商业史—对比研究—中国、日本 Ⅳ.①F729 ②F731.39

中国版本图书馆 CIP 数据核字(2019)第 260486 号

出 版 发 行	江西高校出版社
社　　　址	江西省南昌市洪都北大道96号
总编室电话	(0791)88504319
销 售 电 话	(0791)88522516
网　　　址	www.juacp.com
印　　　刷	天津画中画印刷有限公司
经　　　销	全国新华书店
开　　　本	700mm×1000mm　1/16
印　　　张	9
字　　　数	155 千字
版　　　次	2019 年 11 月第 1 版 2022 年 2 月第 2 次印刷
书　　　号	ISBN 978 - 7 - 5493 - 9272 - 8
定　　　价	58.00 元

赣版权登字 -07 -2019 -1004

目　　录

绪 论

中华人民共和国成立以后,国内外很多报刊、专著介绍、探讨了日本企业管理的历史、现状和特点,向人们展示日本引人注目的成功之路。中国、日本同属亚洲,中国是人口大国,GDP 为全球第二,而日本是亚洲仅有的三个发达国家之一(另两个为韩国和新加坡)。在陶瓷领域,中国曾是日本的老师,但是在 19 世纪,日本弯道超车成为世界陶瓷强国。20世纪第二次工业革命后,日本人从欧美国家获得了先进的技术和资源,加之丰富的陶瓷生产实践经验,成就了一个又一个世界知名的陶瓷企业。中国改革开放后,陶瓷产业迅速崛起,一个个民族品牌享誉世界,但是一些日本陶瓷企业当年面临的问题如今也摆在我们面前,比如行业竞争、价格战、时代变化等。这些日本陶瓷企业是如何一步步走到今天的?它们发展的力量和源泉是什么? 它们的经营理念、发展战略对于今天的我们有没有帮助? 这正是我们要深入探讨的问题。通过中日陶瓷企业经营方式的研究,我们的陶瓷产业能够在比较、鉴别、继承和创新中发展。

日本陶瓷企业发展迅速的根源在于其经营理念。美国管理学者认为,日本企业经营理念优于美国企业经营理念是日本经济迅速发展的奥秘与法宝。日本的企业经营理念是在日本民族的文化背景哺育下发展起来的。

日本的民族文化与中国的民族文化有很多共通之处。抛开军国主义侵略性不谈,日本的民族文化有相当大一部分是从我国古代引进的,与中华民族文化渊源颇深。所以,日本企业经营理念的一大特色是善于

"嫁接"并融会贯通、不断创新,衍生出每个企业的独特文化。日本的社会制度是资本主义制度,因此资本主义的一切长处它都积极吸取。日本民族文化与中国同源,受儒家、道家思想影响很深,从古代经典《论语》《孙子兵法》《三国演义》《菜根谭》到现代中国社会主义中"鞍钢宪法"两参一改三结合的优良传统,日本企业都作为经验和样板,从中挑选对它们适用的精华。他们既不照盘全搬,也不搞形式主义的表面文章,而是讲求实效,根据自己需要,综合运用。①

日本企业管理的技术,大都来自美国,但是他们将其执行到了极致。而在经营理念方面,日本人又充分体现了大和民族文化传统的集团主义文化特色。日本企业家千方百计给企业塑造"大家庭"的形象,例如鸣海陶瓷的"创造幸福"理念、TOTO 的"改善日本人生活方式理念",在企业管理中提倡"尊重人""和为贵"的思想,营造从感情上关心、体贴职工的良好气氛。因此,尽管日本企业社长的工资是一般新进员工工资的70多倍甚至 100 倍,工人们仍旧敬业工作、拼命干活,就连无偿加班也被他们认为是理所当然的。在资本主义制度下,劳动者阶级把为有产者干活看作是理所当然的事情,这对我们职工当家做主的社会主义企业来说,实在值得深思。②

本书在现行的陶瓷行业种类的基础上分别阐述中日陶瓷的发展背景、经营理念、发展战略、营销案例,进一步总结两国文化的长处,明确中国陶瓷企业文化可以再进一步的地方。其意图在于通过同类企业的分析研究、比较,提出一些借鉴、改进的设想。

---

① 孙钱章、袁玉兰著:《比较·启迪——中日企业文化比较研究》,中共中央党校出版社 1999 年 1 月第 1 版,第 3 页。

② 孙钱章、袁玉兰著:《比较·启迪——中日企业文化比较研究》,中共中央党校出版社 1999 年 1 月第 1 版,第 4 页。

一、中日陶瓷的单边贸易史

1.1　中日陶瓷贸易兴起

据日本史籍《日本书纪》记载,中国南朝宋孝武帝大明七年(463),日本雄略天皇派遣吉备弟君为大使、欢因知利(中国人)为副使,来到朝鲜半岛西南部的带方郡,邀请中国匠师前往日本传授技艺。这次聘请了陶部高贵、鞍部坚贵、画部因斯罗我、锦部定安那锦等汉族手工艺匠师数十人前往日本。到唐代,两国间的友好往来更频繁,自贞观四年(630)起,到乾宁元年(894)止,经历264年,共20多次。当时,我国到日本的船舶指定在博多(今日本福冈市)停泊。所以,在福冈市港口的海底挖掘出很多中国的碎瓷片。此外,在奈良的法隆寺、京都的仁和寺等地也珍藏或挖掘出唐代浙江越州窑的青瓷。这些香盒、花瓶、药壶等青瓷是中日两国的僧侣带到日本的。

陶瓷贸易的兴起除了因为日本当时不具备陶瓷烧制能力外,更多离不开茶文化在日本的普及。早在唐朝,中国人就发明了蒸青散茶(碾茶),还审订了评茶色香味的方法,茶也成为人们不可或缺的日常饮料。在当时中日交往中,许多日本僧人因仰慕中国佛教而来华,归国时除了佛法还把茶与中国的茶文化带回了日本。日本僧人空海(774—835)曾随遣唐使团来华,其在《性灵集》中便提及"茶汤坐来,乍阅震旦之书"。最澄(767—822)曾把从中国天台山带回的茶籽种植在日吉神社旁,使之成为日本最古的茶园。据《日本后纪》记载,弘仁六年(815),曾在中国生活约 30 年的僧人永忠献茶给嵯峨天皇,深得天皇喜爱,留下了许多有关茶的诗句,例如"羽客亲讲席,山精供茶杯"。天皇的推崇使得饮茶之风在日本皇室贵族间流行,后世称之为"弘仁茶风"。当时,茶仅仅流行于日本宫廷贵族间,还未在民间普及。

据江河一润(福建一润茶业有限公司旗下的产业品牌)考证,抹茶源于中国,兴起于唐朝,鼎盛于宋朝。宋时流行以茶代酒设宴,当时著名的评茶专家、大文豪蔡襄在《茶录》中评述斗茶方法:把团茶击成小块,再碾成细末,筛出茶末,取两钱末放入烫好的茶盏中,注入沸水,泛起汤花品尝色、香、味,佳者为上。这一饮茶习俗在富庶的江南民间更是广为流传。江南城镇的街道两旁,开设了不少茶馆,供人们品茗和休息。

图 1-1 　《撵茶图》局部

宋代,两国间的贸易往来更为兴盛。日本的漆器、折扇、剑等是输入我国的主要手工艺品,而我国的瓷器则是输出日本的主要手工艺品。

《佛学大词典》中记载,成寻(1011—1081),日本天台宗僧,京都人,为藤原佐理之子,从其族兄文庆受内外之学及显密之法,后专诵持《法华经》。延久四年(1072,宋神宗熙宁五年),成寻六十二岁时来宋,游历天台山、五台山,入汴京,敕住于太平兴国传法院。《宋史》记载,熙宁五年(1072)十月,宋神宗会见了在浙江天台山国清寺学习的日本僧侣成寻,送给他贵重的礼物——紫色锦袍,并且关切地询问日本最需要我国出口什么商品。当时,成寻的回答除了织锦和供贵族、富豪们熏衣服用的香料,就是茶碗(瓷器)。由此可见,在北宋时,日本的上层社会已经流行饮茶,并且迫切要求输入中国的瓷碗。成寻在觐见后,留在汴京(开封)开宝寺学习长达九年之久,不幸于元丰四年(1081)在我国离世。

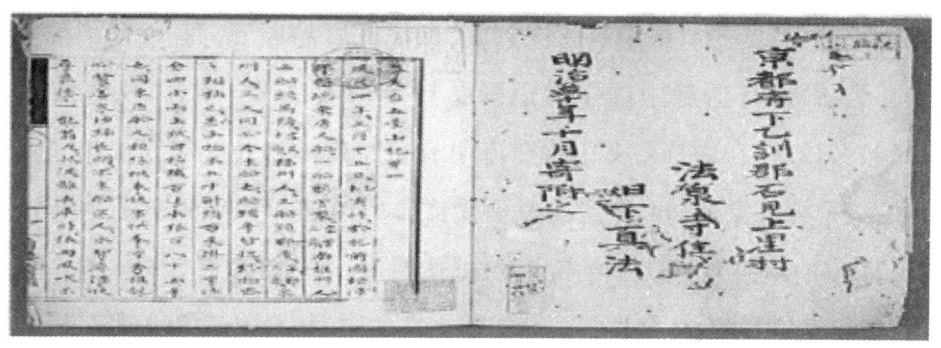

图1-2　成寻著《参天台五台山记》

他生前的著作《参天台五台山记》,在日本民间广为流传。书中多次提到在我国江南城镇的饮茶习惯,例如:"每见物人与茶汤,令出钱一文。市东西卅余町、南北卅余町,每一町有大路、小路百千,卖买不可言尽,见物之人满路头并舍内。以银茶器每人饮茶,出钱一文""于廊可点茶由有命,即向廊吃茶,次从都督内以新去茶院,银花盘送香汤饮了""还宿所休息,大教主老僧为点茶请,行向吃茶""至陈七叔家休息,诸人吃茶,虽与钱,家主不取"。这样的描写引起许多日本僧众纷纷效仿。后来,我国的饮茶习惯又流传到日本民间,有的城市在路旁设置茶馆、茶摊卖茶,行人在休憩时则喜爱在路旁小歇饮茶,这些在我国的《清明上河图》中都有体现。

图 1 - 3　张择端《清明上河图》局部

12 世纪时,中日虽未有正式邦交,但民间贸易频繁,商人、僧侣的往来甚为活跃,日僧赴中国学禅返国弘扬者为数甚多。其中,荣西禅师(1141—1215)在中日茶文化的交流中有着特殊的地位。荣西出生于冈山的一个神官家庭,14 岁到比叡山受戒。乾道四年(1168)四月二十五日,27 岁的荣西乘商船由博多出发,抵达明州(今浙江宁波),在天台山学习,求得经论章疏 60 余卷归国。在第一次的游学中,荣西接触到了茶,同时也接触到了禅宗。回国研读天台宗书籍时,他发现最澄、圆仁等人的著述中多次提及禅宗,他非常感兴趣,也就有了第二次访华。1187 年,荣西再次来华,拜天台山万年寺虚庵怀敞禅师为师,受临济宗传承后归国。彼时正值我国南宋时期,不仅饮茶的习俗普遍化,而且还兴起了斗茶的风尚。荣西在华前后四年,早已习惯饮茶,在回国时特意带回了一些浙江的茶籽与茶具,在平户岛、背振山等地种下了不少茶树。后来,明惠等僧侣亲自将茶种移植在九州的栂尾山、尾山等地,称为“本茶”,它是闻名日本的最珍贵的茶叶。荣西还撰写了日本第一部有关茶的著作《吃茶养生记》,书中认为,“五脏中心脏为王乎。建立心脏之方,吃茶是妙术也”“桑汤茶汤不饮,则生种种病”。在成寻和荣西的大力提倡下,日本许多贵族、僧侣、武士等上层人物争相以饮茶作为养生之道。据《吾妻镜》记

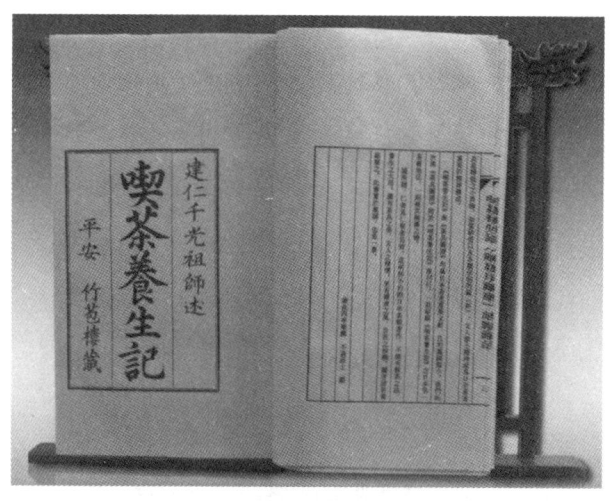

图 1-4 荣西著《吃茶养生记》

载："建保二年(1214)将军家(指镰仓幕府第三代将军源实朝)聊御病恼，诸人奔走，但无殊御事。是若去夜御渊醉余气欤？爰叶上(荣西)僧正，候御加持之处，称良药自本寺(寿福寺)召进茶一盏，而相副一卷书，令献之，所誉茶德之书也。将军家级御感悦。去月之比，坐禅之余暇，写出此抄。"荣西之后，茶在日本广泛流行，与茶相关的斗茶游戏、吃茶会所、书院茶会等逐渐兴起。当时，在日本的禅院、书院的墙壁上悬挂着我国唐、宋名人字画，人们在品茗时，还欣赏中国文化艺术，吟诗作对，题词作画，真是风流高雅。日本贵族除了陈设和使用的紫檀木桌、绫锦、铜烛台、玉器、香炉、铜花瓶以及石青、藤黄、朱砂等绘画颜料都是从我国进口，茶具也极为讲究，非要中国生产的不可。

当时浙江的明州(今宁波)是日本商舶前来我国的主要港口。宋代瓷器多以龙泉青瓷为主，瓷土细腻，胎厚体重，青釉的色泽莹净无瑕，深受日本上层人物的喜爱，大家争相购买，一时间供不应求。日本史籍《三光院内府记》《名目抄》等记载，在宋代，青瓷是"天子御食器""大臣朝夕之器"，多为宫廷使用，有的青瓷茶具竟被作为日本的国宝，并屡次由天皇赐赏给功臣和名将。

图 1 - 5　浙江省博物馆藏北宋龙泉窑青釉执壶

1.2　中日陶瓷贸易兴盛

明代,日本在仰慕我国文化的室町幕府第八代将军足利义政的倡导下,茶道流行一时,从而也促进了中日两国文化艺术,特别是瓷器的交流和日本陶瓷生产的迅速增长。

在日本规模盛大并有隆重礼仪的"唐式茶会"上,宫廷、邸宅的庭园中建造了具有中国艺术风格的银阁(茶亭),人们在茶亭中品茗、饮酒、观看花卉、鉴赏中国名人字画,并有各式美味点心和果脯,游戏享乐,无比豪华。茶会上所使用的碗、碟等,大多是我国的瓷器。我国明代史籍《筹海图编》记载了浙江宁波的对外贸易,说瓷器是大量出口日本的商品。日本商人对中国瓷器,"择花样而用之。香炉以小竹节为尚,碗、碟以菊花棱为尚,碗亦以葵花棱为尚"。同时,我国还大量出口铁链,作为"悬茶壶之用。倭俗客至饮茶之后啜茶,啜后即以茶壶悬之,不许着物"。可能是因为中国出口到日本的瓷器数量非常可观,在日本宫廷中也有很多珍品,所以在永乐、宣德年间,明代使节潘阳等访问日本时所携带的礼物大多是雕漆、宣德古铜香炉、织锦、银器等,而很少有瓷器。

明、清两代,我国陶瓷生产的发展和技艺的提高以及商业的繁荣、航海技术的发达,促进了中日两国间的贸易往来和文化交流。崇祯八年(1635),日本规定长崎是我国船舶赴日的港口。那时,福建、广东、浙江、江苏等沿海各省的商舶,或从该省沿海出发,或在初夏季节停泊在浙江省舟山群岛的普陀山附近,以便利用东海的西南季风,最快只需五天的时间,便能顺风驶达长崎。

日本《长崎志》记载,在明代万历、崇祯年间,我国"兵乱大作,人民逼于困危,多携数辈(及)仆从,前来长崎,以避免危难"。万历三十九年(1611),驶到长崎的我国商舶将近有 80 艘,到崇祯十四年(1641),增加到 97 艘。万历四十年(1612),郑芝龙到了长崎。郑芝龙,字飞皇,小名一官,福建南安(今泉州南安市)人,民族英雄郑成功的父亲,曾屡次赴日。相传,他在日本传授拳术,是日本柔道的始祖。在他的影响下,福建泉州和福州去日本的华侨最多。崇祯元年(1628),在长崎的泉州华侨营建了福济寺(又称泉州寺,后称漳州寺)。翌年,福州华侨营建了崇福寺(又称福州寺)。这些寺庙虽然是各地华侨崇佛集会、祈求海上往来平安的场所,但实际上是同乡华侨的自治团体。

清朝前期,来到长崎的广东华侨也逐渐增多。康熙十七年(1678),广东华侨营建了圣福寺(又称广州寺)。到康熙二十七年(1688),进入长崎的我国商舶竟多达 102 艘,共计 9128 人!翌年四月,由于在长崎居住的华侨人数骤增,日本专门兴建了唐人街,规定为华侨聚居之处。

在明朝和清朝前期,去日本长崎的华侨有不少是陶瓷艺术家、经营陶瓷出口的商人、漆器艺术家、书画家、书籍刻版家、篆刻家、建筑家、雕刻家、织锦和缂丝艺术家等,他们对日本的文化艺术做出了卓越的贡献,并且历来被日本学者们称道。明代末年,居住在长崎的福建漆器艺术家欧阳云台(小名六官)的作品在日本风行一时,被誉为"云台雕"。福建泉州开元寺名僧大鹏正鲲精于书法印章篆刻,他在康熙六十一年(1722)到长崎,著有《印章篆说》,对日本的书法艺术有很大的影响,在日本居住了62 年后辞世。康熙五十九年(1720),擅长文人画的23 岁青年画家伊孚九(浙江吴兴人)到了长崎,他将绘画技艺传授给日本画家清水逸等。清代著名花卉翎毛画家沈南苹在雍正九年(1731)十月到长崎,雍正十一年(1733)九月回国,在长崎居住了两年,传授了注重写生的中国绘画。伊孚九和沈南苹的绘画对日本瓷器上青花、五彩的绘画艺术有很大的影响。不少日本瓷器画师为了模仿我国明末和清初的瓷器彩绘艺术,曾经专门学习他俩的绘画。

1.3　中日陶瓷贸易竞争萌芽

(1)濑户烧

镰仓幕府时代,日本上层贵族、幕府将军源赖朝父子酷爱宋瓷,尤爱天目山铁质黑釉瓷的茶碗、佛具等,非此莫用,因此,形成社会风气,天目釉茶具在日享誉极高。但烧制天目釉瓷技术要求极高,日本人烧制屡不成功,遂决心赴福建天目山学习建窑茶具的烧制方法。嘉定十六年(1223),日本陶瓷艺术家加藤四郎左卫门(俗称藤四郎)因为不甘心其父加藤左卫门基连仿造宋瓷生产失败,毅然随日本僧侣道元来到我国,在浙江学习五年之久,于绍定元年(1228)回国。藤四郎回日本后,相继在京都、知多、爱知等地开窑,均未成。后来,他在山田郡的濑户村(今名古屋市郊约 500 米)发现这里薪料丰富,泥土良好,于是开窑烧造,终于获得成功。他的作品铭刻"藤四郎烧"四个字,闻名全国,被称为"濑户烧",从而在日本陶瓷史上开辟了新纪元。藤四郎子孙后裔俱以烧瓷为业,直至今日。

(2)伊万里窑

我国的青花瓷器始于宋代,在明代宣德年间最著名。自从在江西、广东、云南、浙江等地发现了青花颜料后,青花瓷器就迅速发展起来。在明代,这一瓷胎洁白、风格典雅的青花瓷器和织锦、生丝等货物,大量出口日本。青花瓷器流传到日本后,受到一致的赞扬,被誉为"青肌玉骨",而江西景德镇也就成为日本陶瓷匠师们所仰望的"中国第一陶府"了。正德六年(1511)春,日本伊势国西黑郡大口村(今唐津附近)陶瓷艺术家伊藤五郎太夫(又称伊藤五良太辅)因为羡慕我国的青花瓷器,毅然随 85 岁高龄的日本使节、京都东福寺的名僧了庵桂梧,从唐津(一说长崎)启航,在我国四明(今浙江宁波)登陆后,溯长江而上,由鄱阳湖辗转到江西,在饶州府浮梁县(今景德镇)学习两年多,于正德八年(1513)六月随日本使节回国。伊藤五郎太夫在中国期间,非常尊崇我国文化,学习我国的语言和文字,结识了不少文人和匠师,并且把姓名改为吴祥瑞。在乾隆年间出版的日本史籍《邻交征书》等还保留了四明诗人李春亭在正德癸酉(1513)六月所写的《送居士五郎太夫归日本》诗,说五郎太夫在中国期间,"回首扶桑(日本)杳渺间",今天"舡(船)泊占鄞三佛地(宁波)","梅黄细雨江头别,帆引清风海上返",两人在蒙蒙细雨中挥泪告别,情意切切,难舍难分。李春亭在诗的附注中说,五郎太夫"所造之器,多画人物、山水等,鲜丽可爱,世人珍之",他的作品款识为"吴祥瑞造"。

伊藤五郎太夫回日本后,改名为伊藤五郎太夫祥端,以表示他对中国的无限怀念。刚开始,他在肥前的伊万里(今佐贺附近)开窑,称为伊万里窑,后来又在奈良附近的鹿背山(又称鹿脊山)开窑。当然,他在日本传播了青花的技法,日本称为染付。作品造型稳定,色泽鲜丽,描绘的渲染手法浓淡得宜,风格雅致,并且铭刻"吴祥瑞"或"五郎太夫祥瑞"的款识,无论造型、纹样、釉色等,都明显地受到明代青花瓷器的影响。

由于伊藤五郎太夫创办的伊万里窑邻近唐津,交通便利,销售全国。自明代正德年间后,附近又陆续兴建了有田窑和大河内、黑牟田、应法山、广濑山、筒江山、志田山等窑,成为日本著名的陶瓷重点产区。生产青花瓷器,最关键的就是描绘用的钴蓝颜料,日本称之为吴须,当时是从中国和西亚进口的,价格昂贵,价值一两黄金,有时甚至比黄金还要珍贵。所以,伊万里窑生产的青花瓷器起初大多供日本天皇等在宫廷中使用。

直到同治九年(1870),德国发明了化学颜料,并且很快被介绍到日本后,伊万里窑才开始大量生产。此外,烧造青花瓷器必须是强火度,需要1200℃～1400℃的还原焰。因此,明代的伊万里窑使日本烧造出了真正经过1000℃以上高温的瓷器,是日本陶瓷史上的一件大事。伊藤五郎太夫的作品在历史上也自成一派,称为"祥瑞"派,并且一直流传到今天。

清代,伊万里古窑还模仿我国明代烧造大件的风气,也生产了不少大型的青花瓷器。当然,对于日本来说,用1200℃以上的高温烧造这些直径为30厘米以上的大盘,最大甚至为63厘米(即一尺九寸),而且造型完整,发色鲜艳,没有产生更多的变形等疵病,这是很不容易的。特别是伊万里窑还适应出口的需要,生产表现荷兰商人居住在横滨的住宅和洋行仓库以及日本国地图等青花瓷器大盘,有的直径为37厘米。这些瓷器都由荷兰东印度公司或中国的商人们远销到印度、东南亚、阿拉伯地区和欧美各国。德国的化学颜料,估计也是荷兰商人们介绍到日本来的。

（3）有田窑与九谷窑

明代以后，我国瓷器的颜色釉有了很大的发展。宣德年间出现了晶莹如同宝石般的红釉，这就是闻名的霁红，又称祭红。成化年间，又创造了斗彩，即在青花勾画的纹样内饰以彩釉的描绘技法，点染生动，颇有画意，风格艳丽。到嘉靖年间后，各种颜色釉、彩绘、描金等瓷器，五光十色，豪华绚丽。所有这些明代瓷器，都广泛地流传到日本，并对日本的瓷器产生很大的影响，形成了日本瓷器色绘（彩绘）、豆彩（斗彩）、釉里红等装饰技法。

万历四十四年（1616），朝鲜陶瓷匠师李参平（日本姓名金江三兵卫，有的台湾学者认为他可能是中国人）率18名归化朝鲜人移居有田，在佐贺县有田郡的泉山，开始制造瓷器。随着需求量的增大，手下窑工越来越多，李参平也成为当地的大企业家。有田一带受其影响，纷纷开筑新窑，最后由锅岛内库出面将窑数和转轮数限制在55个以内，自此有田窑开始大量生产瓷器。有田窑的作品有青花瓷器、五彩和白瓷刻花等，它明显地受我国明代瓷器的影响，瓷质坚致，釉色清澈，造型工整，纹样奔放、磊落。例如：东京国立博物馆珍藏的牡丹纹盖碗，造型稳重大方，太湖石和牡丹釉色彩鲜艳，线描自然，特别是花蕊用微薄的红釉涂饰，透明而有光，表现了鲜嫩的质感，这证明当时的日本瓷器绘画匠师们具有很高的技艺水平。有田窑的始祖李参平在顺治九年（1652）八月去世，但是其妻及其家族移居田稗古场皿山，仍然继承着这一事业。

明代末期，定居长崎的我国福建泉州的陶瓷匠师周辰官擅长瓷器彩绘。邻近长崎的伊万里窑的匠师东岛德右卫门在他的传授下，学习了明代瓷器的彩绘技法。万历四十四年（1616），匠师酒井田圆西移居有田窑，并且在著名匠师高原五郎七的指导下烧造瓷器。后来，他才华出众、天资聪颖的儿子酒井田喜左右卫门继承父业,并向东岛德右卫门学习我国匠师周辰官的彩绘技法。意志坚决、刻苦钻研的喜左右卫门百折不挠,反复试验,终于在崇祯十六年(1643)他四十八岁时获得成功。根据酒井田家族《旧记》的记载,崇祯十七年(1644),喜左右卫门把自己烧造的盛放柿子的瓷器进献给天皇,得到天皇的嘉赏,并且赐名为柿右卫门。柿右卫门的作品大多模仿明代瓷器,纹样为松、竹、梅、龙、凤等,釉色清淡,风格潇洒雅逸,有的甚至铭刻"大明成化、万历年制"的款识。由于柿右卫门誉满日本,因此在顺治三年(1646)六月,他所烧造的瓷器由居住在长崎兴善街的我国商人八官(小名)出口,流传到中国、南洋群岛以及欧洲的荷兰。

长崎华侨和荷兰人的销售记录显示,正保年间(1644—1647),柿右卫门的彩绘瓷器研究向欧洲输出,当时欧洲各地对风格独特的柿右卫门彩绘瓷器非常关注。有记录表明,1664年荷兰东印度公司"菲尼普鲁克"号一次装运肥前的瓷器44943件。欧洲各地此类瓷器都很多,英国、法国、荷兰和德国的窑场还有许多仿制柿右卫门的作品,甚至在中国瓷都景德镇也有类似的作品。

有田窑(又称有田烧)从此名声大噪,市场需求量越来越大,当时的陶瓷从业者急剧增加,后有田皿代山官开设皿山番所,专门监督业者,控制外人进入,严防瓷器制法和彩绘技术泄露。制造瓷器的酒井田柿右卫门家族世代相传,三百多年来,得到了日本天皇和政府的重视,他的后裔直到今天还沿用这个值得自豪的姓名。

清代顺治年间(1644—1661),日本石川县江沼郡九谷村(今福井市附近)的贵族前田利治是位热爱陶瓷艺术、精于茶道的艺术家。由于九谷村出产金矿,因此前田利治可能在当地开采金矿的同时,发现村内的大日山的山麓有优质的瓷土,就产生制作瓷器的想法,后受藩主之命去肥前学习制瓷,归来后便创办瓷窑,称为九谷窑。大约在顺治九年(1652)前后,九谷窑的优秀匠师、技师长后藤才次郎和田村左右卫门到长崎和佐贺县的有田窑去学习,在那里,他们结识了不少我国的匠师,并且在有田窑的著名匠师柿右卫门的亲自传授下,刻苦学习我国青花、彩绘、素三彩、描金等技法,使九谷窑的瓷器也以优秀精湛的技艺而闻名日本。同样,后来九谷窑的作品也受到明代青花和康熙粉彩的影响,瓷胎洁白,纹样写实,山水图案的构图简练,描线遒劲畅达,色彩绚丽。但是,关于九谷窑和中国瓷器交流的历史,日本的学者们意见颇不一致。大河内正敏、竹内吟秋翁认为,后藤才次郎到了长崎后,曾辗转渡海,到中国景德镇学习。田内梅轩则在《陶器考》中认为,长崎的中国陶瓷匠师们曾到九谷窑传授彩绘的技艺。

图1-6　松本诚平(1851—1918)花鸟九谷烧作品《金栏手花瓶》　明治九年(1876)作

1.4　日本陶瓷业对外贸易的崛起

随着日本的瓷器生产逐渐进入全盛时期,日本各地生产各种瓷器的窑场又增加了很多,对于中国陶瓷的需求越来越小。

(1)京都陶瓷业的崛起

江户时代制瓷业快速扩张,京都各大窑场日渐兴盛,其中陶工仁清是京都陶瓷业发展里程碑式的人物。仁清出生于丹波国桑田郡野野村,起初叫壶屋清右卫门,在庆安三年(1650)十月,《仁和寺御记》有"丹波烧清右卫门来"的记载。仁清从正保元年(1644)在御室筑窑,多次试验后将金、银彩元素加入彩绘,将当时京都贵族阶级所追求的华美灿烂的境

图1-7　17世纪仁清作《色绘吉野山图茶壶》　福冈美术馆藏

界,毫无保留地表现在彩绘陶器的造型与色彩之上,开创出初期京烧登峰造极的盛期。他兼收并蓄狩野派和土佐派绘画的精髓,从卷轴画、障壁画、扇面画中吸取金、银彩的配色方法,运笔设色给人以无限的遐想,把传统纤细风格的京烧一下变得色彩丰富、华美绚丽。这种风格的转变让京烧在国际市场上大放异彩,甚至改变了许多买家对日本陶瓷的偏见。自此以后,京都逐渐发展成为日本国内制陶业的一大中心,孕育出了许多日本的陶艺名家。

（2）美浓和濑户的崛起

在东日本诸窑中,濑户、美浓最多,虽然江户时代肥前的有田迅速繁荣,使得西日本的制陶重心从美浓向肥前转移,但是东日本的制陶中心仍在美浓和濑户。

江户时代的日本国内修筑了许多新窑,但是大都是家庭作坊类型的小规模生产,主要生产一般民用的日用陶瓷品。濑户在其中是比较特殊的存在。濑户有一个当时世界一流的大容积窑——"丸窑",长 12~13 米,高 4~5 米,是一般窑的十倍,从点火到烧成出窑需要一个月的时间。这样的大窑在濑户高峰期有 90 多处,这也充分说明了当时濑户的陶瓷产量。

图 1-8　加藤唐九郎 1956 年作《黄濑户轮花钵》(左图)和加藤土师萌 1956 年作《萌葱金栏手葡萄纹壶》(右图)

美浓地区因为拥有丰富的陶瓷原料——黏土，所以自古以来就出产陶瓷。相传在公元7世纪，当地就曾构筑陶瓷窑，并生产一种叫作"须惠器"的土瓷器。虽然到了江户时代，志野、大萱、高根等窑口湮灭在历史的尘埃里，但是市之仓、笠原、尾吕、大畑、下石、大川等窑的兴起使得美浓一带陶瓷产量剧增，从1688年到1800年，越来越多的各种窑口在美浓一带陆续兴起，美浓地区陶瓷产业不断壮大，一直延续至今。1988年，美浓烧陶瓷被日本指定为国家传统工艺品。

图1-9　现代美浓烧

（2）日本瓷业的繁荣

从化政期（文化、文政时代）到明治时期，日本国内筑窑成风，据史料记载，总数在2000处以上，甚至在此前从来没有窑场的北海道都修筑了不少新窑。在这种各地纷纷筑窑的情况下，日本的瓷业发展突飞猛进，产量激增，造就了日本陶瓷史上最辉煌的时代。

明治时代，世界航运的发展使得日本陶瓷业吸纳了非常多的来自西洋的新技术和材料，而彼时中国战乱不断，瓷业萧条，外贸订单源源不断地流向日本。在 1867 年的巴黎万国博览会上,锅岛、萨摩两藩分别携带各自的精品参展,同时将很多欧式的彩釉料带回国内加以研究。在 1876年的美国博览会上,日本陶瓷作品大放异彩,获取了许多订单。外贸收入让日本官方对于参展更加重视,在国内召开了第一次劝业博览会,展品 8.4 万件。此后,明治时代先后举办了五次博览会,这对日本的陶瓷业发展起到了巨大的推动作用。

明治新政府正式参加海外博览会,是从 1873 年奥地利维也纳万国博览会开始的。当年,政府精心准备参展作品,并且精心挑选了 24 名具有各种技能的研修生,其中包括 3 名陶工组成代表团参会。这次参展的日本陶瓷器取得了极高的评价,确立了贸易关系。通过这次博览会,日本代表团的成员接触到了许多欧洲的先进技术,归国后将其运用到了濑户、九谷、京都、有田、萨摩的陶瓷生产中去。例如 1873 年维也纳万博会事务局成员河原德立启用了附属瓷器制造所画工设立的专门研究彩绘的“瓢池园”,从摩萨窑购买白素瓷,施以釉上彩。1877 年,外销组的那富介次郎、盐田真成立了“江户川制陶所”。他们引入欧洲的研究成果,设计建筑了中间有烟囱的窑和长窑体的登窑相结合的新式窑。

有田窑和萨摩烧在万国博览会的推动下积极研究陶瓷器出口。明治七年(1874),深川荣左卫门为社长,首先成立了香兰社,明治十二年(1879)又成立了精瓷会社,至明治二十年(1887),构筑了有田窑业的黄金时代。①

---

① 关涛、王玉新编著:《日本陶瓷史》,辽宁画报出版社 2001 年 10 月版。

图 1 - 10　加藤春光"瓢池园"所制明治输出品

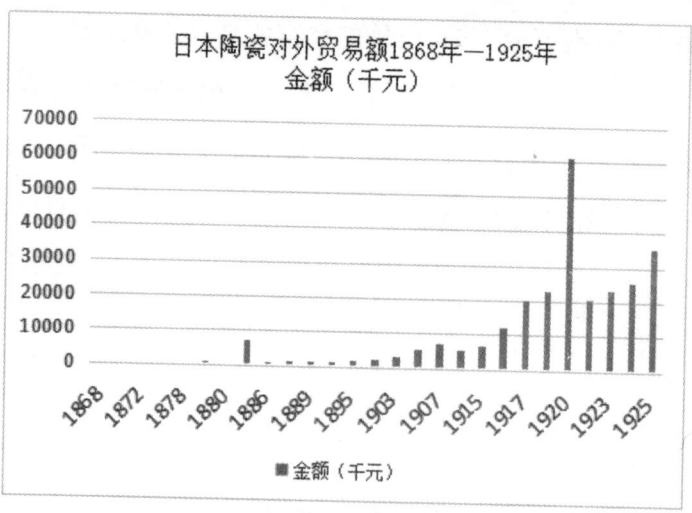

图 1 - 11　日本陶瓷对外贸易额（1868—1925）

明治五年(1872),粟田烧六代锦光山宗兵卫、带山与兵卫试制出口产品,以生产咖啡具、花瓶、水壶类为主,使从仁清以来,木米、仁阿弥道八等生产典雅京烧传统作品风格发生大的转变。粟田烧产品在明治六年(1873)的出口量占总产量的6%,到明治十一年(1878)达到90%以上。粟田烧出口的高峰期是明治二十年(1887)至明治三十年(1897)。进入大正时代,由于内需扩大,京烧中的清水烧逐渐占据主导地位。①

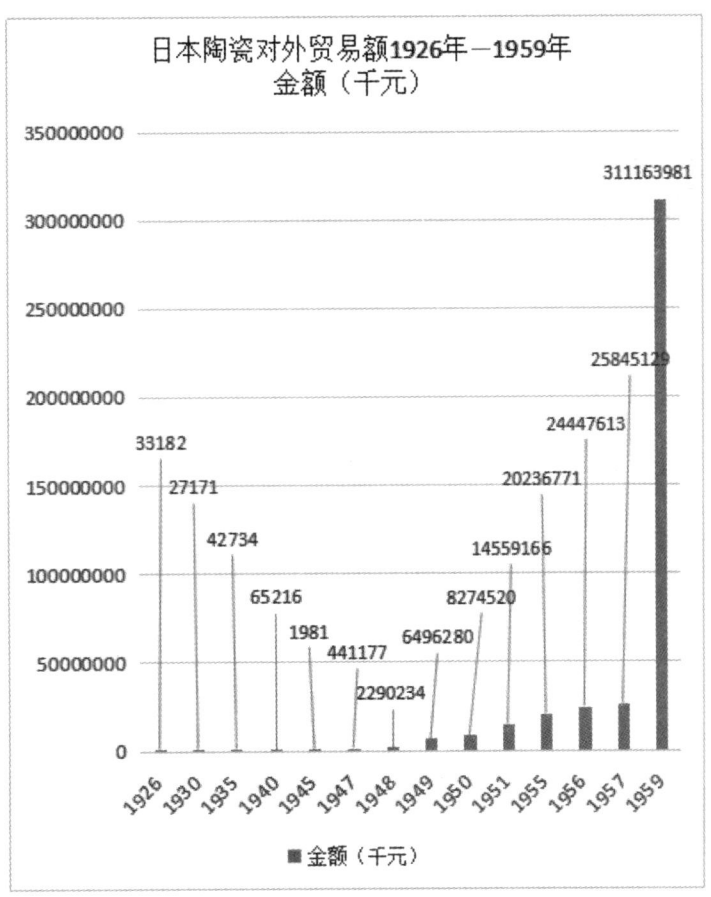

图1-12　日本陶瓷对外贸易额(1926—1959)

① 关涛、王玉新编著:《日本陶瓷史》,辽宁画报出版社2001年10月版。

　　甲午战争和日俄战争后,中国国内兵荒马乱,瓷业愈加萧条,日本的陶瓷产量则在西洋技术的助推下步入现代化生产,产量大幅增加,而长期坚持参加万国博览会,与各国商人、艺术家、技术人员交流,让日本陶瓷技法、风格愈加丰富,出口额节节增长。

　　此后,日本陶瓷业完全摘掉了依靠进口中国的单边贸易的帽子,开启了世界陶瓷强国的时代。

二、现代中日陶瓷企业——先进材料篇

在经营先进材料的中日陶瓷企业中,京瓷是日本陶瓷企业中规模较大、布局广阔、经营理念独树一帜的企业,企业历史60年。潮州三环则是中国最大的电子元件、先进技术陶瓷产业基地,企业历史41年。两家企业虽然历史不长,但发展较快,且在发展历程中都有各自独到的理念,驱使企业快速成为本国行业龙头。

2.1 京瓷

日本京瓷企业(Kyocera)是世界500强企业之一,1959年4月1日由27岁的稻盛和夫创立于京都市中京区西京桥原町,成立总公司和工厂,专注于电子消费产品的经营,前身为陶瓷技术生产厂商。京瓷在成立初始,只是一个缺乏资金、信用、业绩的小街道工厂,仅有28位员工。从那时起,京瓷秉承以人为本的理念实行管理,不断积极挑战难以做到的事情,使公司的业务多元化发展。在2018年英国品牌评估机构"品牌金融(Brand Finance)"公布的"日本最具价值品牌50强"中,京瓷排名第46。

1968年京瓷开始进军美国,1969年成立京瓷国际株式会社,1971年进入欧洲,与德国的Feldmuhle合资,从精细陶瓷行业转向多元化发展,涉及机床、珠宝、太阳能电池和医疗产品等多个行业。1982年,京瓷合并了四家附属公司,并更名为京瓷株式会社。1995年,京瓷进驻中国,在东莞成立了东莞石龙京瓷有限公司。2008年,京瓷接管三洋电机株式会社的手机业务,扩大通信设备业,2011年在越南成立京瓷越南管理有限公司,2012 年成立京瓷 CTC 精密工具私人有限公司,在印度生产切削工具。
2017 年,SENCO 加入京瓷集团,开展气动工具业务,2018 年成功获取
Ryobi Corporation 的电动工具业务。

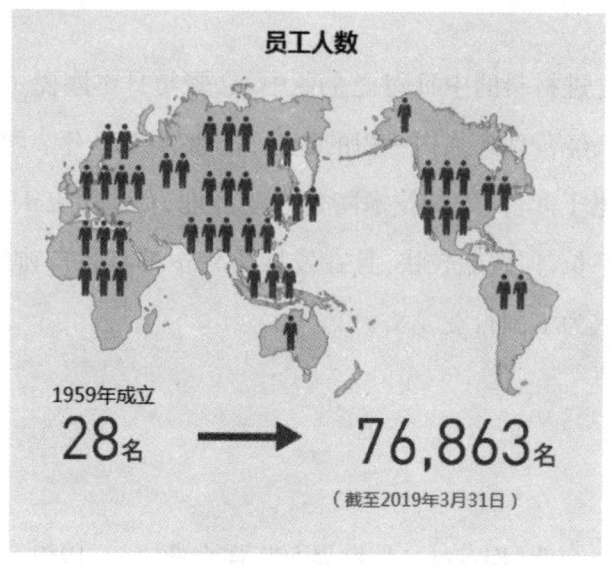

图 2-1　京瓷国外基地员工人数分布

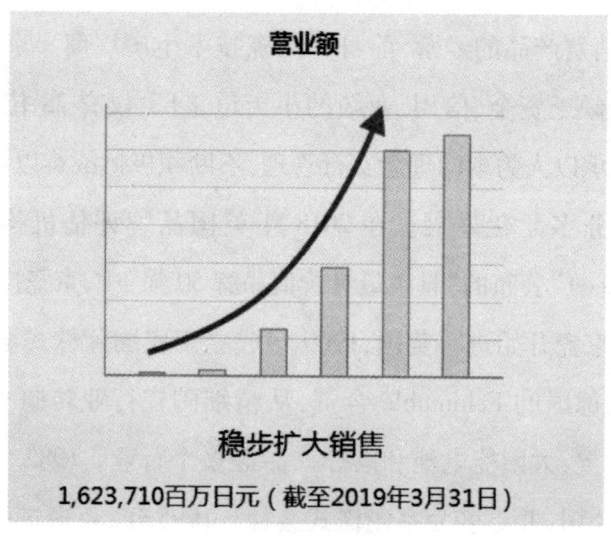

图 2-2　京瓷营业额曲线图

图 2-3　京瓷国内网点分布图

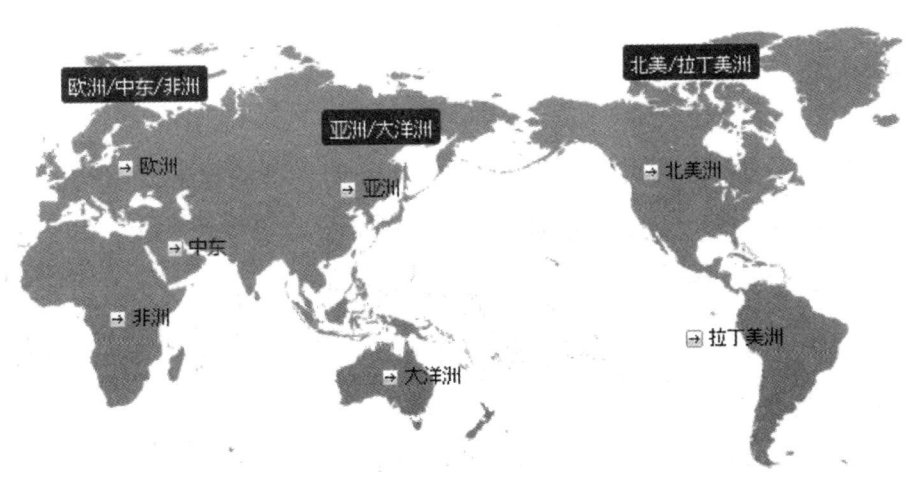

图 2-4　京瓷国外网点分布图

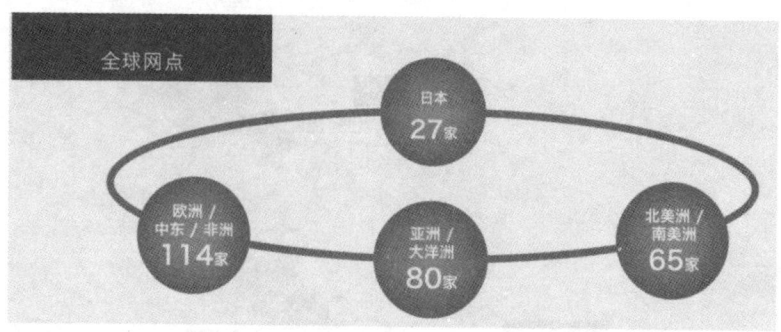

图 2-5　京瓷全球网点一览图

社训

敬天爱人,始终以光明正大、谦虚之心对待工作,敬奉天理,关爱世人,热爱工作,热爱公司,热爱祖国。

经营理念

追求全体员工物质与精神两方面幸福的同时,为人类和社会的进步与发展做出贡献。

理念由来

稻盛和夫创办公司的最初目的是"让我们自己的技术得以问世"。为了实现这一梦想,创业时的成员们都是自觉地拼命埋头工作。但是刚进公司不久的高中毕业的员工自然不满长时间加班,而且对未来感到不安。创业后第三年的春天,前一年进公司的 11 名高中毕业的员工提出集体交涉,要求公司给予定期加薪和奖金的待遇保证。

稻盛和夫对此解释道:"由于公司刚刚成立,因此无法对你们的未来做出确切的保证,但是我一定会为你们着想。"但是,这并没有说服对方。交涉不仅仅是在公司里进行,而且还延续到了稻盛和夫的家中。经过三天三夜的交涉,最后,稻盛和夫饱含诚意地说道:"如果你们还是信不过我的话,那么,能不能有敢于被骗的勇气? 如果我背叛你们的话,你们就拿刀把我捅了!"这句话打动了对方。

以此为契机,稻盛和夫开始持续认真地思考"公司应该成为一种怎样的组织"这个问题,最终意识到公司经营必须保障员工及其家属未来的生活,为大家谋幸福。继而,他还认识到要使公司长期取得发展,就必须为社会的发展做出贡献,履行社会一员的责任。之后,京瓷把公司的经营理念确定为在追求全体员工物质与精神两方面幸福的同时,为人类和社会的进步与发展做出贡献。京瓷公司也因此从一个以"让技术得以问世"为目的的企业转变为追求全体员工幸福的企业,从而确立了公司经营的牢固基础。

京瓷体制

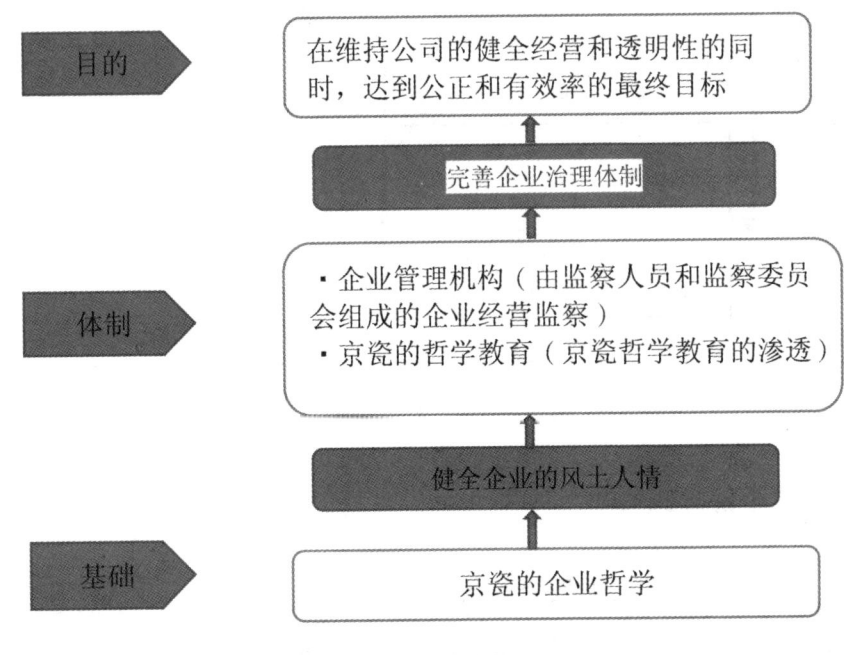

图 2-6 京瓷体制

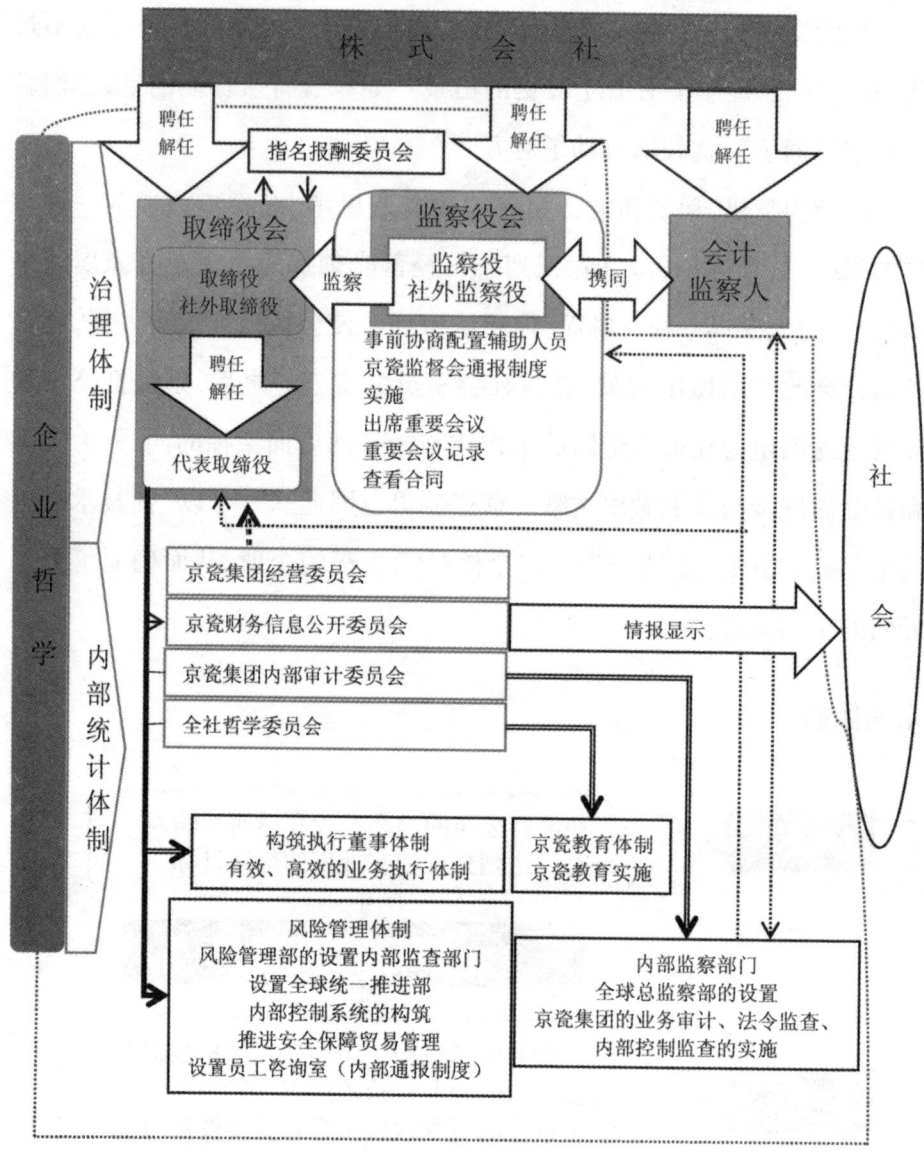

图 2 - 7　京瓷企业架构

非典型性经营方式

（1）坚持顾客至上主义的理念

1966 年,京瓷在几乎不可能的情况下获得 IBM 的氧化铝基板大批订单。

京瓷创业之初,由于知名度低,产品销售非常困难,稻盛和夫认识到如果能在技术领先的欧美国家得到认可,那么,就可以打开日本市场。因此,他积极地开拓海外市场。其间,于1966年,京瓷从美国的计算机大型企业IBM获得了用于IC的氧化铝基板订单。

但是,该份订单的技术要求非常高,并非当时的京瓷能轻易完成的。在当时,基板规格书通常只有一张简单的图纸,然而,IBM的规格书足有一本书那么厚,而且京瓷连测定精度的设备都没有。

稻盛和夫出于无论如何也要满足客户期望的使命感和壮大企业的愿望,勇敢地向这一课题发起了挑战。除了引进能够满足严格的规格要求的设备,京瓷员工还不分昼夜地开发样品,为实现量产倾注全力。在全体员工齐心协力、不懈努力下,被认为是不可能完成的产品顺利地交付给了客户。

这次的成功,不仅大大地提高了京瓷的销售额,而且使得京瓷的技术实力、生产能力、品质管理能力有了大的飞跃。同时,由于与美国的大型企业建立了业务往来,京瓷的信用度大幅提升,日本国内大型企业与海外的订单也如雪花飘来。

(2)极具挑战精神

1969年,京瓷开发了一项不可或缺的划时代的产品,那就是"多层封装"。

京瓷创业之后不久的20世纪60年代,正值电子产业的兴盛期,京瓷获得了大量保护IC芯片的陶瓷产品订单。通过之前满足严格技术要求而获得信任及技术上认可的京瓷公司,从当时美国最大的半导体厂商那里接到了高密度多层IC封装的订单。但是,这份订单的要求远超出当时京瓷的技术水平,仅图纸就有两张榻榻米那么大,而且还有许多技术上必须攻克的课题。然而,稻盛和夫与技术团队一道,依靠不屈不挠的精神,克服了重重困难,最终试制出了令客户感动的完美样品。

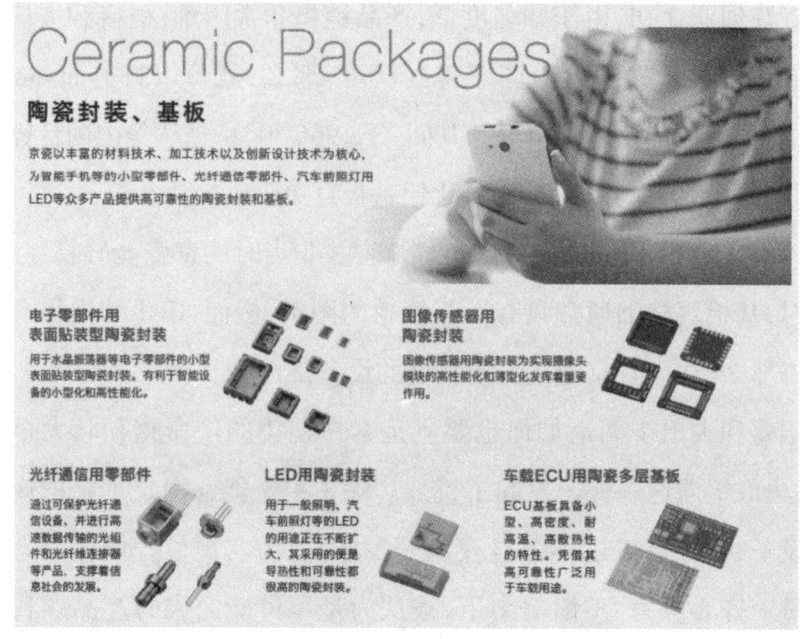

图 2 - 8　京瓷的多层封装

正是由于此项开发所培养起来的技术实力,京瓷在之后不断接到全球半导体厂商的订单,并取得了飞速的发展。此项成功完全是稻盛和夫与技术人员一道为了克服层出不穷的技术难题而废寝忘食地努力研究、解决的结果。正是由于确立了远大目标,并朝着这一目标永不言弃、坚持不懈地付出努力,京瓷才研制出了如此出色的产品并取得了成功。

(3)依据原理原则诞生的特殊的分部门核算制度

精密陶瓷的制造工序可以划分为原料、成型、烧制、加工等工序,各道工序都是一个独立的单位。如果由原料部门将原料卖给成型部门,那么,原料部门就产生了"销售",成型部门就产生了"采购"。也就是说,各工序之间采用半成品买卖的方式,各个部门就如同一个中小企业一样,能够成为一个独立的核算单位,各个单位都能实际感觉到"销售最大化,费用最小化"这条经营原则,因而能自主地开展经营。这种做法在京瓷被称为"公司内买卖"。

经营者只要审阅各个小单位提交的核算报表,就能知道哪个部门盈利、哪个部门亏损,就能更准确地把握整个公司的实际情况。这样的话,公司高层就能够做出正确的经营判断,就能够对整个公司进行更加细致的管理。

进行公司内部买卖,在质量管理方面也有很大的效果。正因为是"买卖",所以作为买方的阿米巴,如果质量不能满足要求,就不会从公司内采购。因此,达不到各工序间规定质量的半成品就不会流入后道工序。公司内各道买卖间都自然设置了"质量关卡"。

(4)进可攻退可守的阿米巴经营体制

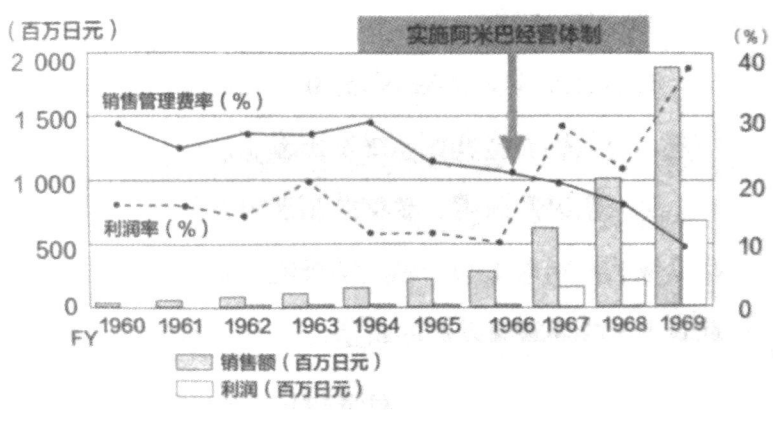

图 2-9　阿米巴经营休制的功效

从上图中可以看出,京瓷从 1959 年 4 月 1 日创立后第一年就盈利,而且销售利润率达到 11.5%,实现快速发展。从 1959 年到 1966 年的 8 年间,京瓷的利润率一直在 10% ~20% 波动,这是一个十分优秀的业绩。特别是从 1967 年 4 月初到 1969 年 3 月末的两年间,京瓷不但销售额和利润都大幅快速增长,而且令人瞩目的是:利润率跃升至20%～40%,同时销售管理费率从20%以上降至10%。其中一个原因是新产品多层封装开始席卷美国市场,另一个原因就是实施了阿米巴经营。

当时,稻盛和夫一个人负责产品开发、生产管理、市场销售,随着企业一天天壮大,他感觉到分身乏术,繁忙疲惫自不必说,稻盛还感受到了一种孤独感。在烦恼中,稻盛和夫想到了孙悟空的分身故事,他尝试将企业划分为若干个小集体,也就是阿米巴,任命阿米巴长,指导他们,让他们像小企业老板一样独立经营、独立核算,阿米巴中每个员工都是企业的主人,都分担指标、参与经营。对于阿米巴的产生,稻盛和夫规定了三个基础条件。①切分的阿米巴为了能够独立核算,必须有明确的收入,并且能够计算清楚这种收入所花费的支出。②作为最小组织单位的阿米巴,它必须是能够独立完成一项业务的单位。③组织分割必须有利于贯彻执行整个公司的目标和方针。

阿米巴在小集体独立核算的基础上开展各自的经营,可以说它是自由度很高的组织。它不是在别人的管理之下开展活动,而是发挥自己的主体性,主动开展工作,因而是一个能够提升自己能力的组织。但是正因为是自由度很高的组织,阿米巴长和阿米巴成员对于经营所持的理念、他们的道德水平会受到考验。

在这种情况下,经营管理部门就非常重要,它是从根基上支撑阿米巴经营的一个部门。为了保证实际的经营活动顺利开展,为了让阿米巴经营正确地发挥功能,经营管理部门构筑了两种有代表性的业务体系——"订单生产体系"和"库存销售体系",并承担让这两个体系正常运行的任务。另外,企业经营者以及各部门的领导人必须迅速并且正确地做出经营判断,正确管理公司订单余额、库存、应收账款、固定资产等所有的公司资产。

在阿米巴经营中，各阿米巴每天都在为提升"单位时间附加值"而不懈努力。其方法无非是三种："增加销售额（总生产）""削减经费""缩短时间"。为了增加销售额（总生产），只要确保更多的订单就行；为了削减经费，只要避免浪费就行；为了缩短时间，只要提高工作效率就行。其中有一点非常重要，即定价。

阿米巴的收入源泉来自卖给客户的销售金额。因此，在订单生产的场合，从客户处取得的订单金额大小，在很大程度上影响到各制造、销售阿米巴的核算结果。而左右订单金额的因素之一就是产品的"定价"。

京瓷在创立之初，只生产精密陶瓷零件这种弱电用的高频绝缘材料。靠这单一品种经营企业，稻盛和夫产生了深刻的危机感。京瓷的销售员奔走于需要使用绝缘材料的真空管和显像管的生产厂家，询问"有什么活可让我们干"，希望获取订单。

在大客户那里，早就有原定的供货商。当京瓷销售员刚上门推销时，对方就说："如果你们的价格确实便宜，也可以买你们的。"报价后，对方通常会说："别的公司的价格要比你们便宜15%。"于是，销售员就会匆匆忙忙地编制新的报价单，再赶到客户那里。在这样的讨价还价中，京瓷被迫做出让步。

但是，如果销售部门以便宜15%的价格取得订单，那么制造部门就必须降低15%以上的成本，制造部门就会苦不堪言。稻盛和夫对于这个问题是这样理解的："轻易以低价接单，制造部门就很艰难。这可不行！只要价格足够低，拿多少订单都不成问题。作为销售部门而言，这不足称道。销售的使命是要看透客户能够乐意接受的最高价格，让客户认为这个价格能够接受。低于这个价格，拿多少订单都不稀奇；高于这个价格，商机就会跑掉。必须瞄准分水岭上的这一点。"

卖价太低，不管怎么削减经费，核算效益也无法提升；卖价过高，则会滞销,库存堆积如山。因此,领导人必须对销售部门收集来的信息进行认真分析,正确把握市场和竞争对手的动向,在正确认识自己产品的价值的基础上决定价格。

京瓷日常用品中国线上布局

京瓷产品除了针对大批采购客户,其日常用品也针对散客进行销售,除了在日本本土布局,在中国电商天猫平台布局以陶瓷刀为主打的精密陶瓷厨具,在中国电商京东平台布局了京瓷打印设备旗舰店、京瓷复合机专卖店。

Kyocera 京瓷天猫旗舰店已开设 4 年,近半年有 1376 人评价,评分为4.9 分,商品价格区间为 55 元至 9688 元,销量前十的商品价格区间为 68元至 820 元,销量第一的是 Kyocera 京瓷陶瓷刀粉红丝带陶瓷刀/多功能刀/水果刀/婴儿辅食刀套装,销量为 9582 件,价格为 488 元至 820 元。从总体销量来看,京瓷天猫旗舰店在出售陶瓷刀具的天猫店铺中并不位于销量排行榜前列。

京瓷在京东商城布局了两家店铺——京瓷复合机专卖店和京瓷打印设备旗舰店。虽然都是出售打印类设备,但是两家店铺的分类非常明确。京瓷打印设备旗舰店商品价格区间为 99 元至 55000 元,主营黑白激光打印机、彩色激光打印机、一体机及配件耗材。根据销售记录,购买者大都购买耗材或者千元左右的打印机。耗材方面销量第一的是墨粉,评价有 5200 多个。京瓷复合机专卖店商品价格区间为 195 元至 222999元,主营 A3 黑白复合机、A3 彩色复合机和相关耗材。根据销售记录,购买者大都购买耗材,耗材方面销量第一的是墨粉/墨盒,评价有 700 多个,基本没有人购买复合机,这可能跟复合机本身的价格有关,高昂的价格让大部分有需求的企业或者公务机构通过网络采购的可能性不大。

京瓷的未来发展战略

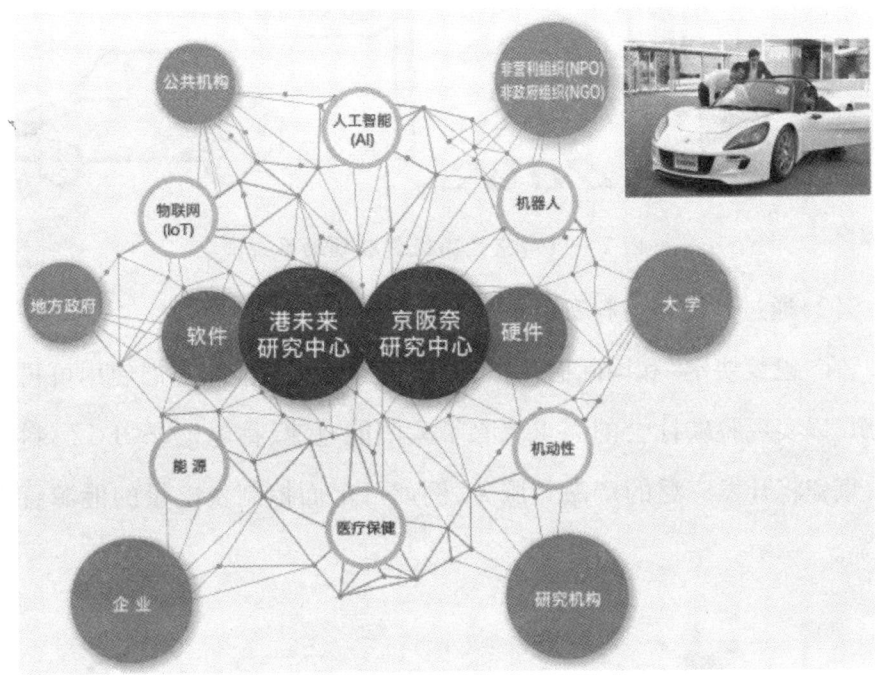

图 2-10　京瓷发展战略网格图

当前,人工智能和物联网、机器人技术的普及以及下一代移动通信"5G"等技术创新正在加速,产业和社会的结构即将发生巨大变化。京瓷将再次回归创立时的精神,并继续以信息和通信、汽车、环境/能源和医疗/保健等关键市场为中心来应对挑战。今后,京瓷将通过提供始终超出客户期望的产品和服务,为人类和社会的进步与发展做出贡献。

(1)挑战"零交通事故"

通过立体摄像机的研究和开发,提供摄像头模块和高清液晶显示器,以帮助汽车"行驶""转弯"和"停车",为高级驾驶辅助系统(ADAS)做出贡献,实现车辆的安全、可靠和舒适,挑战"零交通事故"。同时,进行与基础设施相关的开发,这些开发利用了支持移动社会发展的部件和通信技术,例如 MaaS(移动即服务)和 CASE。

图 2 - 11　京瓷高级驾驶辅助系统

(2)通过开发新材料实现环境友好型社会

在"巴黎协定"和国际倡议"RE100"的背景下,全球提倡使用可再生能源,以实现脱碳社会的需求。除了太阳能电池、蓄电池、SOFC 燃料电池,京瓷将开发广泛的产品和服务,例如可全面控制发电量的能源管理系统。

图 2 - 12　京瓷环境友好社会体系

(3)每个人都可以过上健康生活的社会

开发支持人们健康的产品,重点开发使用陶瓷和金属材料及加工技术的医疗器械,例如人工关节和植入物。通过与外部研究机构的合作,京瓷正在研究和开发新产品,例如血流传感器和细胞分离/浓度测量设备。这些产品可以使日常健康管理更加便捷。同时,为了改善"健康的预期寿命",京瓷正着手开发一种生物传感系统,它可以监测人类健康状况而无须专门的医学知识。

图 2 - 13　京瓷健康管理设想

(4)提供舒适高效的解决方案

全球化和数字化正在业务领域中加速发展,京瓷利用高质量的解决方案来提高客户便利性,比如提供智能手机等通信设备必不可少的小型高性能设备。此外,在5G 和 IoT 领域,其传播正在加速,京瓷正在开发基站的零件和通信模块等产品,希望通过材料、零件、设备和服务等全面功能为信息和通信技术的发展做出贡献。

图 2 - 14　京瓷高性能设备发展设想

2.2　潮州三环

　　潮州三环(集团)股份有限公司成立于1970年,并于2014年在深交所上市,是全国领先的电子元件、先进材料产业基地。集团下属6个事业部,在我国香港、深圳、南充等地和德国设立了子公司。公司被认定为国家高新技术企业、国家技术创新示范企业、国家企业技术中心、中国制造业单项冠军示范企业。

图2-15　潮州三环集团一览图

主营产品

　　三环集团始终坚持技术创新的道路,高技术产品已覆盖手机、电子、通信、机械、电气、新能源等应用领域。主要产品有智能手机后盖、指纹识别微晶锆片、智能穿戴陶瓷部件、光纤陶瓷插芯、陶瓷封装基座(PKG)、氧化铝陶瓷基板、多层陶瓷电容器(MLCC)、压缩机接线端子、燃料电池(SOFC)隔膜片等,形成了以先进材料为依托的多门类产业。产品进入全球知名厂家采购链,其中光纤陶瓷插芯、氧化铝陶瓷基板、SOFC电解质隔膜片、电阻器用陶瓷基体等的产、销量均居全球前列,光纤陶瓷插芯更被工信部评为制造业单项冠军。

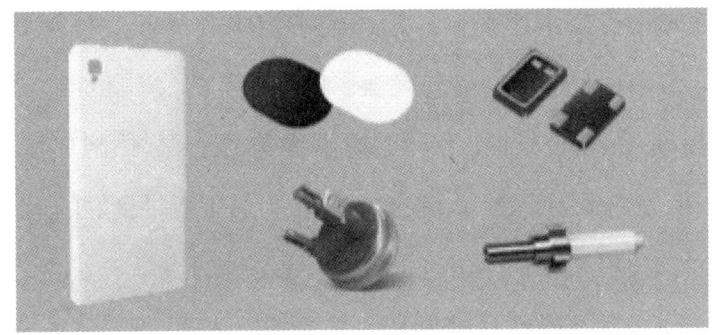

图 2-16　潮州三环集团产品一览图

企业理念

　　三环集团秉承以人为本的管理理念,人才是第一资源,不分地域、种族和信仰是三环集团汇聚人才的理念。三环集团坚持"广聚人才、真才实用、培养造就、技术超前、待遇从优、文化认同、五湖四海"的人才战略,用机制选拔人才,用事业成就人才,用激励体现人才价值,为人才施展才华提供平台和条件,鼓励每个人发挥特长和创造力。

图 2-17　潮州三环集团企业理念

　　公司专门设立技术、管理创新奖励,为受聘技术职务人员提供技术津贴、出国旅游、无息购房借款(住房奖励)、外出学习参观等福利。公司还安排专车接送员工上下班,为员工提供自助式用餐,为员工免费提供学习资料和场所(建设藏书 5 万多册的图书馆),创办刊物《三环之光》等,为企业文化传播搭建平台。公司经常组织各类职业技能竞赛、文体竞赛,举办游园活动、大型文艺晚会,丰富员工的文体生活。公司建设"揽园""榕湖"等多个景区,为员工提供优美的工作、休闲环境。公司建设了篮球场、室内恒温游泳馆、健身场馆等,为员工提供良好的运动场所。

　　培养人才,造就人才。在这里,无论是新进的大学毕业生、专业人员还是普通员工,都能得到良好的培训。所有人都得到了尊重,得到了学习培养、施展抱负的机会。团结昂扬的员工队伍,为三环集团的创新发展,源源不断地注入了新鲜活力。公司形成了"诚信勤勉、科技创新、尊重人才、协作友爱"的企业文化,从人才培养、职业操守、成本效益、法规制度、资源共享、质量第一、服务用户、团队精神等多方面诠释三环的人文内涵。

图 2-18　潮州三环丰富多彩的员工活动

图 2-19 潮州三环员工薪资福利一览表

质量方针

三环集团坚持"科技创新、诚信服务、持续改进、满足用户"的质量方针,设立各级质量管理机构,配备门类齐全、功能先进的精密检测分析仪器,实施从原材料、生产过程到产品的全过程质量控制。公司于 1986 年通过了国家 IECQ 制造厂认可认证,1997 年按 ISO9000 标准建立质量管理体系,同时取得 ISO9001 质量体系认证证书。经过多年孜孜不倦地摸索改革,三环集团建立了一套从一线员工到公司高层,各个单位相互协作、运作规范的管理体系,确保经营有序、受控、规范与健康发展。事业部全面推行"6Sigma"质量管理和"6S"现场管理,全员接受质量管理培训,每月开展内部质量审核,建立质量控制信息与反馈网络,做到预防为主、持续改进。

经营理念

坚持永不停步的创新动力,开拓可持续发展的产品方向;完善能自我修正的管理机制,建立有凝聚力的企业文化。

三环集团以创新为核心,组建了研究院和技术委员会,拥有以院士、学科专家、博士为带头人的创新攻关团队,先后承担完成多项国家、省级科研项目,研发了多项高新技术产品。多项科研成果荣获广东省科技进步奖,专利和商标的申请覆盖国内外经济技术发达的国家与地区。

三环集团秉持"科技创新、诚信服务、持续改进、满足用户"的质量方针,建立了完整的产品质量控制体系。全过程质量控制和持续改进提升了产品质量水平,主要产品取得了国际 IECQ 认证、美国 UL 认证、国家 CQC 认证,产品进入全球采购链,深受用户认可。

三环集团以"诚信勤勉,科技创新,尊重人才,协作友爱"为文化核心,坚持为社会创造价值,为员工提升福利,为股东增加回报,积极参与社会的各项公益事业。

市场布局

三环集团已经在国内外建立起广泛的销售网络,为客户提供满意的产品和便捷的服务。目前,三环集团是被动电子元件及材料供应商。产品销往美国、欧洲及东南亚等国家和地区。

发展战略

在长达近半个世纪的文化沉淀和技术积累中,潮州三环不断探索先进材料的未来,将前沿科技广泛地融入生活的每个层面,立足于为人类、为社会、为世界带来更加美好、更加高效的改变。公司借助资本市场,以

"材料＋"为经营战略,致力于打造成为电子、通信、新能源等国际高端客户公认的先进材料供应商。

人工智能首次进入"十三五"规划以来,人工智能领域建设已上升至国家战略层面,借助5G网络商业应用的落地,人工智能和万物互联已成必然趋势。人工智能作为万物互联时代最前沿的基础技术,能够渗透至各行各业,智能终端、新能源汽车、车联网等领域将持续爆发创新产品。

电子器件和半导体部件是电子设备及信息系统的重要基础之一,其发展速度、技术水平和生产规模,直接影响着电子信息产业的发展。人工智能和万物互联的发展将催生大量电子器件和半导体部件的需求。

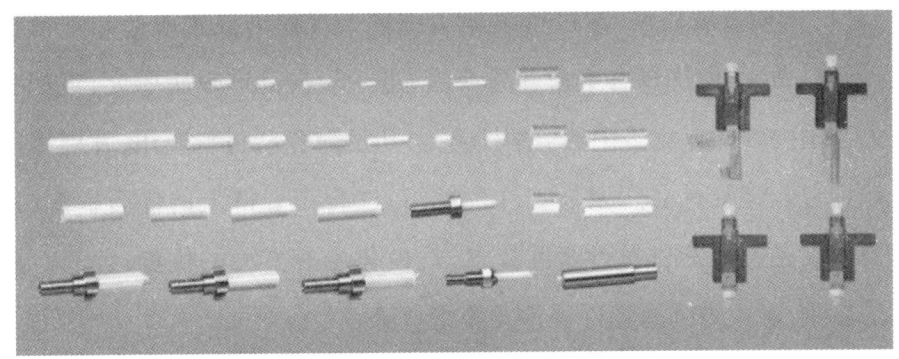

图2-20　光通信产品　潮州三环造

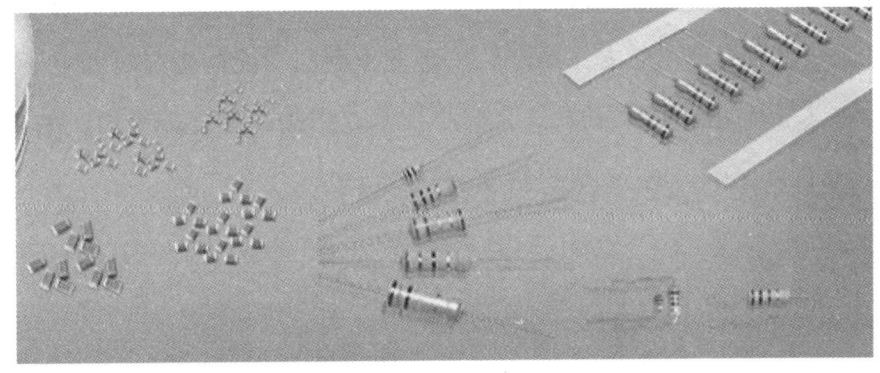

图2-21　电子元件　潮州三环造

5G技术传输速率更高、网络容量更大、延时更短,能大幅度提升网络能效,真正开启万物互联网时代。工业和信息化部部长苗圩表示,2019年,国家将在若干个城市发放 5G 临时牌照,使大规模的组网能够在部分城市和热点地区率先实现,同时加快推进终端的产业化进程和网络建设。IMT－2020(5G)推进组已发布 5G 技术研发试验第三阶段测试结果。结果显示,5G 基站与核心网设备均可支持非独立组网和独立组网模式,主要功能符合预期,已达到预商用水平,预示着 5G 技术研发和产业化进程加快。随着 5G 技术的不断普及,通信行业将迎来较大的成长空间。在这样的时代背景下,潮州三环公司未来发展战略主要与人工智能和 5G 相关。

(1)短期发展战略:通过持续地实施较大规模的技术改造和规模扩张,做强、做大、做优现有主营业务产品,进一步提高产业集中度,巩固和扩大在国内外同行竞争中的"话语权"。开发陶瓷新材料应用,发展智能终端和智能穿戴产品陶瓷外观件及模组,整合产业链上的优质资源,发挥公司在先进陶瓷材料行业的技术、规模化生产方面的优势,打通产业链的瓶颈,做大做强陶瓷外观件及模组业务。

(2)中长期发展战略:升级产业结构,开发并量产一批与低碳产业、节能产业和绿色环保产业等新兴战略产业相关联的先进陶瓷材料与产品,并使之成为公司的支柱性产品。研发新型的功能陶瓷材料和电子浆料,并进军新能源领域,开发具有核心技术支撑的新型终端应用产品,打造具有国际影响力的"先进材料专家"技术品牌。

三、现代中日陶瓷企业——卫浴篇

在经营卫浴的中日陶瓷企业中，TOTO 是日本陶瓷企业中历史最悠久、市场占有率最高的企业，历史 140 多年，是日本人心目中的国民品牌，也是世界卫浴行业中非常受欢迎的品牌。九牧则是中国改革开放后在卫浴行业刷新了多个历史纪录的民营陶瓷企业，至今成立 29 年。一个是百年老字号，一个是新兴品牌，两者都是各自国内卫浴界的行业龙头，它们的发展之路值得探究。

3.1　百年 TOTO

TOTO 的起源最早可以追溯到 1876 年以直接出口业为目的的第六代森村市左卫门和他的弟弟（名丰）所创办的企业。之后在同年的 9 月，市左卫门的义弟大仓孙兵卫也加入了他们的队伍。那个时候，市左卫门 37 岁，丰 22 岁，孙兵卫 34 岁。

图 3-1　森村市左卫门（左）和森村丰（右）

　　当时的日本贸易主要集中在租界地区,通过开通的日本三大港口(横滨、神户和长崎)作为口岸进行通商。但是,外国商家以日本贸易商不精通国际贸易为借口,独占资金和海运公司,让日本贸易商处于不利的地位。这样一来,大量的资金从日本流失。在这个时候,市左卫门辞掉了明治新政府御用的马具供应商一职,在东京银座开了一家洋服裁缝店。他的想法不仅限于此,还梦想着以夺回日本失去的金钱为最终目的,市左卫门默默从事着海外贸易行业。

　　之后,从明治初年开始就一直在纽约进行贸易的佐藤百太郎短暂回到日本,在募集资本的同时拜托福泽谕吉,想要带一些商业实习生去美国。福泽谕吉立刻联系了市左卫门和其弟丰随佐藤一起赴美。因为思想不统一,经过福泽谕吉的再三劝说,森村丰才决定一起赴美。1876年3月10日,以特产工艺品的输出为目的,募集到3000日元的"森村组"洋服裁缝店就这样在日本东京的银座设立了。随后,丰和佐藤一起经营了"日之出商会",正式开启了海外贸易生涯。1878年秋,森村丰雇用了两名日本店员,开始了独自经营之路。公司的名称继承了"日之出商会",这家店铺成为其据点,为以后"森村组"在纽约的发展起到了至关重要的作用。

进入陶瓷行业

　　在日本国内,森村市左卫门的业务逐渐开始繁忙起来。他在1879年夏,于东京银座的洋服裁缝店的二楼开设了"森村组"的事务所。

　　公司最开始涉及的商品种类主要为花瓶等古董、茶杯、陶瓷小器皿、扇子及灯笼或是玩偶图案的杂货等。这些货品被运往东京周边,甚至被运输到更远的京都、大阪和神户。在1880年市左卫门赴美之际,他突然意识到陶瓷的市场将会非常广阔,这也加速了其公司对陶瓷产品种类的发展。在其公司的商品中,他们大量采购大阪或爱知县产的白胎瓷花瓶、器皿,运送到东京或是京都的彩绘工厂进行加工,并在瓷器上进行装饰。此外,他们还广泛地采购京烧、粟田烧、萨摩烧等各类瓷器,不断地充实着自己的商品种类。

1880 年,其公司的年销售额达到了 10 万美元,其中零售业占 70%,通过中介商铺进行批发贩卖的占了 30%。1882 年,市左卫门做出了一个重大的决定:为了使日本的商品走出国门,必须将产业的重心放在中介批发销售上面。至此,该公司商业的重心从一般零售转向了中介批发销售。

1902 年,为了资金运转,该公司在日本濑户设立了森村银行,这也成为森村市左卫门商业帝国的重要转折点。

图 3 - 2　森村组的事务所

明治初期的陶瓷产业

明治维新以后的陶瓷产业,在政治体制和社会制度的急剧变革中,发生了许多的变化。其中重要的变化有两点,分别是逐渐打破传统的、封建的体制约束和真正地开始接触海外市场。

其中,具有跨时代意义的是真正与海外市场接触这一层面。1873年,当时在奥地利维也纳举办了世界博览会。当时的世博会是展示国家威信和水平的重要舞台,也是展现科技进步的有效途径。当时代表日本参展的濑户烧、肥田烧、清水烧等知名陶艺品出乎意料地纷纷获奖,为日本陶瓷走出国门起到了跨时代的推动作用。但是,与此同时,日本陶瓷企业获得海外市场的广泛赞誉和订单后,也出现了一个新的问题,即"国内的小作坊广泛生产造成的产品泛滥引发的质量问题如何处理"。其中具有代表性的就包括运输至中国的日用土锅等廉价商品。此类现象的发生,也对后期陶瓷产业的不振造成了一定的影响。

为了解决上述问题,森村组开始考虑摆脱传统的家庭式作坊的生产工艺和方法,取而代之的是采用机械式的工厂批量生产。在之后的1878年至1892年,专门的陶艺彩绘工厂等一系列工厂形式陆续产生,在提高商品质量的同时,也极大地增加了商品的产量,为后期产品的批量化生产做了铺垫。

日本陶器合名公司的设立

1904年1月1日,日本陶器合名公司在日本爱知县创立。当时公司的资本总计10万日元,法人代表为当时只有28岁的大仓孙兵卫之子大仓和亲。

公司创立的目的是吸取欧洲现代工厂的建筑经验来进行大量生产,使得日本的陶瓷能够进一步走向世界,在世界上获得一席之地。

大仓和亲亲力亲为,在1906年左右基本完成了新工厂的主体建设。通过几年的发展,该公司逐渐形成了以日本为中心,覆盖中国、朝鲜、印度尼西亚、缅甸等亚洲国家的销售网。日本陶器合名公司的设立,也是TOTO公司在新时代的最初样板,对企业的兴起和走向世界起到了至关重要的作用。

图 3 - 3　1909 年的日本陶器合名公司

重大战略转移

图 3 - 4　大仓孙兵卫(左)和大仓和亲(右)

　　日本陶器合名公司创立后的最初十年,经营状况并不是很理想,基本上每年是赤字,这给了公司相当大的经济压力。大仓孙兵卫和大仓和亲父子俩苦思冥想,终于做出了一个重大的决定:向卫浴陶瓷进军! 这是以前从未有过的一次勇敢尝试。

　　要想进军卫浴行业,就必须有新型材料作为基础。为此,大仓和亲和其团队开始着手研发白色硬质陶瓷的生产。硬质陶瓷的质地不同于其他传统陶瓷,要求使用耐火性很高的原材料,一般要进行1250℃的首次烧制,之后还要进行1100℃的釉烧。这就意味着除了原材料的选择,对于烧制的工艺和设施也要具备相当高的标准。

　　1912年,大仓孙兵卫和大仓和亲创建了专门的研究所,着力研究硬质的陶瓷素材以用于卫浴。经过近两年的时间,实验了6541个洗脸池和近3000个便池后,研究取得了突破性进展。硬质的陶瓷素材的发现,也填补了当时日本卫浴行业的一项空白。

图3-5　1912年的陶瓷卫浴研究所

图3-6　放置在研究所仓库里的研究用的卫浴产品

东洋陶瓷股份有限公司的创立

　　东洋陶瓷股份有限公司(TOTO)创立于1917年(日本大正六年)5月15日。创立之初,公司除了大仓和亲,还有22名股东。公司董事会选举大仓和亲为首任董事会主席,并发行了2万株的股票。当时公司总资本为100万日元。其股票的拥有者全部为森村组和大仓两家的成员或相关的人。具体的股票发行相关的人如下:

大倉和親				3000株
森村開作				2000株
村井保固	広瀬実光	森村市太郎	大倉幸和	各1500株
広瀬実秀	村井太郎			各1000株
森村　勇				600株
森村市左衛門	大倉孫兵衛	広瀬実栄		
田中幸三郎	田中　実	森村卯女	大倉　繁	
広瀬沽竜	田中みち	森村謙三	百木三郎	各500株
小滝無事郎	深尾元邦	北村義太郎		各300株

图3-7　东洋陶瓷股份有限公司创立时各股东的股票分布

公司成立后,采取了新的各项制度改革,主要表现为业务组织和职员制不分开,而是以制造部门分类的形式进行管理。公司将部门细化到卫生用具制造部和食品用具制造部等各部门,进行分类管理。此外,公司还采取了"线上会议"的模式,将各类会议人员的意见进行汇总,互相提意见和看法,极大地促进了各组的交流和沟通。其中有各主任进行讨论的一般会议——"星期六会议",部门领导集合参加的"星期一会议",以及每天早晨要召开的例行会议等。

另外,公司采取了更为细化的人事制度,将公司员工分为正式员工和"准员工",按职工类别来分类,又可分为特殊待遇职工、一般职工和见习职工三大类。其中,公司社员和特殊待遇职工享受的是月薪或日薪,普通职工和见习职工享受的是时薪。

公司在创立之初就对内部的各类制度进行规范化的管理和执行,为后期公司的不断壮大和发展打下了坚实的基础。

TOTO卫浴的制造和生产技术当时主要是利用英国的制陶方法,在食器皿方面,TOTO致力于模仿德国的技术来创造日式的工厂以便于制造日本独有的瓷器。但在最开始的阶段,因为各部门协调的问题,进展并不顺利,加上雇用的都是不熟练的劳动力,效率显得极为低下。

根据当时的记载,在TOTO公司附近的小仓市的私立小仓纪念医院,使用了TOTO公司的第一号卫浴产品——洗脸池。这个商品当时被印有OCW(Oriental Ceramic Works)的标记。

然而,TOTO公司并未因此而停止前进的脚步。他们认识到卫浴产品的开发和生产,首先要解决的是客户源的问题。在当时,怎样让人们认识"卫浴"这种新鲜事物显得尤为重要。其次,他们要开发"卫浴"连带产业链,即下水道的相关业者、贩卖店等相关行业者。他们还利用销售卫浴产品赠送"五金件"等附属商品的手段,不断开拓自己的市场。

关东大地震带来的 TOTO 事业的急速发展

1923 年 9 月 1 日,震惊世界的关东大地震发生。关东大地震持续了三天,先后发生了 1700 多次余震,火灾持续了三个昼夜,受灾人数达到了 340 万人,死伤者达到 158000 人之多。

TOTO 公司的东京本部也遭到了致命性的损坏。但是他们认识到,这样的灾难既无情,又是商机的来临。面对灾后重建,食器皿、陶器和卫浴的市场需求剧增。尤其在卫浴方面,TOTO 考虑到了抗震性等各种因素,以此为契机,广泛宣传抗震性好这一优势特点,并结合地震前和广大下水道业者及相关行业的关系,不断在政府、银行、报社、学校、医院使用自己的卫浴产品,TOTO 公司的知名度和业务量剧增,这也成为其今后发展的重要转折点。

图 3-8   1923 年关东大地震时的 TOTO 公司

三大主力销售和海外市场的扩展

随着关东大地震的市场开拓,TOTO 已经逐渐形成了以卫浴产品、瓷器、陶器为主的三大主力销售大军。这三大销售产品在互相确立自身地位的同时,也相互补全,逐渐使得 TOTO 公司在陶瓷市场上占有了一席之地。

在之后的几十年内,随着市场的变化和发展,TOTO 公司逐渐从陶瓷领域撤离或减少投入,将大量的精力和资金投入了卫浴市场,努力开发出适合市场和时代的最新产品。1970 年,公司由“东洋陶器株式会社”改名为“东陶机器株式会社”,主要是因为公司的战略已经从“以卫生陶器为主体的事业体”转变为“以住宅设备机器为中心的事业体”了。公司在以日本本公司为核心的基础上,不断开拓亚洲以及欧美市场。TOTO 在20 世纪 80 年代进驻东南亚,90 年代进驻中国、美国、越南等国。到目前为止,TOTO 在世界上 12 个国家都有生产和销售的据点和网络。TOTO 开展的海外事业不单纯是商品出口,还致力于技术的供给和海外的投资,已经深入方方面面,在世界上发挥着越来越大的作用。

TOTO 进入中国市场

1979 年,TOTO 正式进入中国市场。公司与我国政府在北京钓鱼台国宾馆进行磋商,标志着 TOTO 在进入中国市场中迈出了第一步。1980 年,TOTO 在日本发售的温水冲洗马桶座,在中国受到了广泛的欢迎,标志着 TOTO 开始进驻中国市场。20 世纪 80 年代的数据显示,TOTO 把高级宾馆和办公大楼作为中心宣传商品,以高级品牌的知名度提高了广泛的认识度。1985 年,TOTO 开始在北京、上海、香港等地设置经营网点,致力于销售网络的建立,为其将来的营销活动做好充足的准备。1987 年,

TOTO与国营的卫生陶器生产公司——北京市陶瓷厂签订了技术援助契约,配合机械设备出口和建设。

20世纪90年代以来,在改革开放的大环境下,TOTO才真正开始在中国进行商务活动,适合个人的销售也开始推出。不过,为了不损坏进入中国市场就确立的高级品牌的形象,TOTO依然进行着高档产品的销售。1994年,TOTO的中国首家卫生陶器生产据点北京东陶有限公司成立,之后生产铸件西式浴池的南京东陶有限公司和生产金属水栓零件的东陶机器(大连)有限公司也相继问世。翌年,TOTO在中国的首家分公司——东陶机器(中国)有限公司诞生,在给中国市场鼓劲的同时,使本土化营销的开展成为可能。1997年,TOTO在中国成立了作为卫生陶器第二生产据点的东陶机器(北京)有限公司和主要生产马桶座和附件等商品的东陶机器(上海)有限公司。2005年,作为卫生陶器第三生产据点的上海市东陶有限公司成立,这些情况反映出了中国旺盛的市场需求。

经营模式和战略选择

由于TOTO在中国市场上占有足够的市场份额使其实现经济规模,因此其采用集中战略,将资源集中于卫浴业务进行市场渗透。TOTO集中资源,这里主要是指内部资源,支持现有的产品和市场,并用追加资源的方式增强企业优势和市场竞争地位。TOTO可以利用顾客对其品牌的认可和忠诚度,采用产品发展战略,增加现有用户对其产品的消费量。随着消费者对卫浴产品重新定位,对卫浴产品提出更高的要求,TOTO可以实施市场开发战略,扩大消费群体。TOTO凭借内部强大的研发能力,可以采用创新战略,不断开发新产品或具有特殊功能的产品,促进企业销售量的增长。

但作为一家跨国公司,要想在中国市场上进一步发展,TOTO必须重视利用外部资源。TOTO通过采用合资的战略,使其经营本土化,同时也可以更有效地将其在产品质量、性能和品牌上的优势扩展到中国市场。

（1）内在来源

①TOTO拥有世界一流的卫生陶瓷生产线,采用了当今世界最先进的高压注浆成形技术和机械化自动施釉工艺,大大提高了生产效率,同时最大限度地保证了产品的优质、稳定和均衡,其产品质量的可靠性、稳定性和耐用性得到消费者的一致好评。TOTO在1998年获得日本工业标准（JIS）认证,1999年通过ISO9002质量体系认证,2000年通过ISO14000环境体系认证,2002年通过ISO9000质量体系认证。

②TOTO产品门类齐全,包含浴缸、洗脸盆、坐便器、小便器、沐浴房、新品配件、水龙头等7大类近130多个品种,消费者可选择余地大。

③产品更新速度快。从2005年开始,每个月都会有新产品,而且各类都有5~6款,使得消费者可选择余地大,在追随产品更新的同时与企业建立长期的关系。

④服务方面,TOTO开通了售后热线,对全国的售后进行统一的管理,所有销售TOTO产品的地区均配有专业的服务人员进行优质快速的服务。客户如有别的困难问题,也可以直接打电话到公司询问。对于比

图3-9　TOTO提供的服务

较复杂的产品,TOTO 会提供上门指导,帮助安装。TOTO 不仅提供完善的售后服务,还提供售前的信息如产品的型号、到哪里买、产品的价位等,让消费者在购买产品时目标更加明确。

⑤TOTO 凭借其庞大的零售网络,以及对零售商的严格控制,保证了其产品交货的及时性。

(2)外在来源

市场影响力和品牌吸引力

在中国,东陶作为卫浴第一品牌,"有家居的地方就有 TOTO,提到卫浴必然提到 TOTO",其影响力遍布全国。在使用过其产品的用户中,至少有三成的消费者是忠实客户。

TOTO 利用种类繁多的先进技术生产出感性丰富的、高性能的产品。新一代的 TOTO 产品具备超强的去污抗菌力、红外线感应冲洗、自动调节瓷体及用水的温度等多项功能,让用户使用更方便,感觉更舒适。

产品战略

(1)产品发展战略

①产品扩张战略

TOTO 的产品扩张战略是通过同时利用企业现有产品和市场上的知识开发新产品实现的。TOTO 凭借其强大的研发力量和精益求精的精神,以及为用户创造舒适生活的信念不断开发新产品,为卫浴赋予新的含义。其开发出的带有自洁功能的产品和净化功能的产品,将卫浴产品的基本功能与清洁技术结合,让卫浴过程的每一个细节充满舒适感。更重要的是,TOTO 引领了未来卫浴的发展趋势——智能全自动。

②产品创新战略

TOTO 的产品创新战略主要是技术推动型创新战略。TOTO 的优势在于技术,其"G－MAX"节水冲洗技术,首次实现了从根本上解决霉菌和污垢,其智能科技还实现了温水冲洗、恒温座圈盖、按摩洗净等传统卫浴产品没有的功能。此外,TOTO还推出了MP3马桶、自动散发不同香味的马桶等。这些都是与TOTO严格的品质要求和其拥有一批敬业爱岗、技术娴熟的科技人才分不开的。

③产品竞争战略

TOTO以产品差别化战略为基本产品竞争战略,以价格战略、时间战略和全球化战略作为产品竞争战略的支持战略。

④产品差别化战略

TOTO的差别化战略主要是特性差别化、价值差别化、基本能力差别化和品牌差别化。

⑤特性差别化战略

TOTO的MP3马桶和可以散发香味的马桶,都采用了特性差别化战略,在目前的卫浴市场上,这两种产品都较为少见。TOTO通过给普通的马桶附上MP3或香味的功能,使之区别于其他产品,达到差别化的目的,增强其竞争性。

⑥价值差别化战略

TOTO的优势在于技术,它将技术领先性转化成智能科技,通过运用多种技术手段,给产品赋予不同的功能和特性,如恒定水温、自动清洁、全程遥控等,使其能够最大限度地满足顾客的需求,提高用户价值。

⑦基本能力差别化战略

TOTO开发出的海洁特(氧化钛)瓷砖就采用了基本能力差别化战略。其外墙砖产品具备自洁与净化大气的双重功能,1000 m² 海洁特瓷砖就相当于70棵白杨树的净化力。内墙砖产品同样表现出色,抗菌、污染、防臭,三效合一,这在目前瓷砖市场上也是首创。此外,具有身体状况检测功能的马桶也采用了基本能力差别化战略。

⑧品牌差别化战略

TOTO 是最早进入中国市场的外国卫浴品牌,凭借其优美的造型和上乘的质量以及不断创新的产品赢得了消费者的认可,从而形成了品牌差别化。

(2)价格战略

TOTO 采用的是无价格战略。TOTO 提出跟着市场走,不降低对技术的要求和产品的价格,要保持技术差别。多年来的经验和结果告诉我们,TOTO 的这种无价格战略是符合市场需要及动向的,也是其成功的重要原因之一。

(3)时间战略

TOTO 的时间战略采用的是通过引进新产品而实现的首先进入战略。TOTO 依靠其技术上的优势,不断引进新产品,争取在产品差别化的基础上先于对手推出新产品。为此,TOTO 的研发人员不断创新,不断推出更加满足消费者需求的新产品。

(4)全球产品战略

TOTO 采用的是特征性全球产品战略。尽管 TOTO 在中国、美国、韩国、新加坡、越南、菲律宾、泰国、马来西亚、印度尼西亚、德国等地都成立了销售、生产公司及分支机构,但主要的研发机构还是在日本,各国销售的产品都是以在日本的研发机构研发的产品为基准,按照当地的实际情况,做适当的变动以满足当地消费者的需求。这样既满足了不同地区消费者的特殊需求,又保证了 TOTO 产品在一定程度上的统一性。在质量方面,TOTO 的产品在世界各地的质量都是一样的。在中国的工厂生产出来的产品,也卖到美国去,也卖回到日本去,TOTO 采用统一生产,严把质量关,使用同样的工艺标准。

TOTO 在中国的战略

TOTO 的卫浴用品在日本十分普遍,从其六成的市场份额可以看出,对日本人来说,TOTO 的制造厂很普通。可是,在中国,TOTO 就相当于地位的象征,是只有少数人使用的高级产品。从 TOTO 的发展史可以看出,东洋陶器株式会社(现在的 TOTO)生产的水洗式大小便器就是开端。很早以前就有陶瓷质地的便器存在,不过,不是水洗式的,不能称之为卫生陶器。之后,东洋陶器的研究开发和其他公司的进入使日本的卫生陶器市场得到了发展。

中国开始出现卫生陶器,是在 19 世纪后期,当时海上的外国商船上就安装了卫生陶器。1949 年,唐山开始生产现代卫生陶器,但是,因为技术力量薄弱,导致其发展很缓慢。改革开放以后,外资企业的进入使中国的卫生陶器业得到了急速发展。特别是进入 20 世纪 90 年代之后,卫生陶器与房地产业一起发展,已经成为现代生活中不可缺少的东西了。

在中国卫生陶器的引进时期,日本的发展步调很大程度上处于领先位置,引领了中国卫生陶器市场的发展潮流。

因为在产品生产方法、消费习惯等方面的不同,在日本,浴室和厕所、盥洗室多被设计成独立的,没有方法变更,如果必须变更就会被更换。同时,这是住宅建设的时候必须要用的东西,这些企业对住宅制造商的营业活动也是必要的。可是在中国,洗澡、厕所、洗脸台被设计成了欧美风格。作为消费习惯,根本没有被建设的内部装饰使卫浴用品的销售方式变得多样化。消费者必须在购买住宅后,到卫浴用品的销售店用自己的眼光挑选商品,从购买到安装施工都以自己的要求进行。最近,从日本的住宅销售形态看,内部装饰设备齐全的住宅也在增加,不过,依然很零散。

2005 年,日本的卫生陶器市场在国内的出货台数与前一年相比增加了 0.6%,约 823 万台。可是,从日本新设住宅的开工数来看,住宅市场一般被认为处于饱和状态,住宅厕所这个接纳口的增加呈迟缓状态。总之,理论上,日本国内出货台数不会有大幅度增加。

中国的卫生陶器市场非常大,2004 年一年的销售数量约为 4000 万台,销售金额约 350400 亿元,这是世界卫生陶器总需求量的 1/5。由此推断,现在的需求约 5000 万台,卫生陶器市场的需求量今后也会不断增长。这主要是因为国民经济的发展、生活水平的提高。近几年,中国的经济发展有惊人的成果,值得骄傲的是中高速的 GDP 增长率。发展中国家的厕所环境管理存在着急需整顿的倾向,中国随着经济的发展也能推进厕所环境的整顿。

同时,建筑业的繁荣发展也使得我国卫生陶器的需求增大。2002 年至 2006 年,建筑业的全部销售额维持着每年约 81% 的增长,房地产商的销售额也逐年增加。而在 2008 年北京奥运会和 2010 年上海世博会期间,建筑数量更是达到高峰期,尽管住宅总数和年间建设户数不明,但是可以想见的是,这为 TOTO 带来了巨大的商机。

2006 年,中国的人口达到 13.1 亿,城市人口数量达到 5 亿 7700 万人。从我国人民平均年收入不断增加、生活越来越富裕的情况来看,衣、食、住以外的东西也开始形成某种价值观。可以说,在经济和建筑业界飞速发展、生活水平不断提高的情况下,卫生陶器市场也会扩大。

纵观日本的卫浴陶瓷市场,我们可以发现,日本的卫生陶器中 5 个内有 3 个是 TOTO 的产品。可以说,这是 TOTO 产品充分渗透到消费者中从而达到普及时才能体现出来的数字。但是,这个占有率只限于卫生陶器,也没包含 2006 年 12 月开始发售的、在之后一年中月销售量达 3000 台的有机玻璃系新素材的松下电工的份额。松下电工的这个产品的占有率从 7% 提高到 20%,今后这个百分比还会迅速扩大,将成为 TOTO 的主要竞争对手,这是绝对不能忽视的。

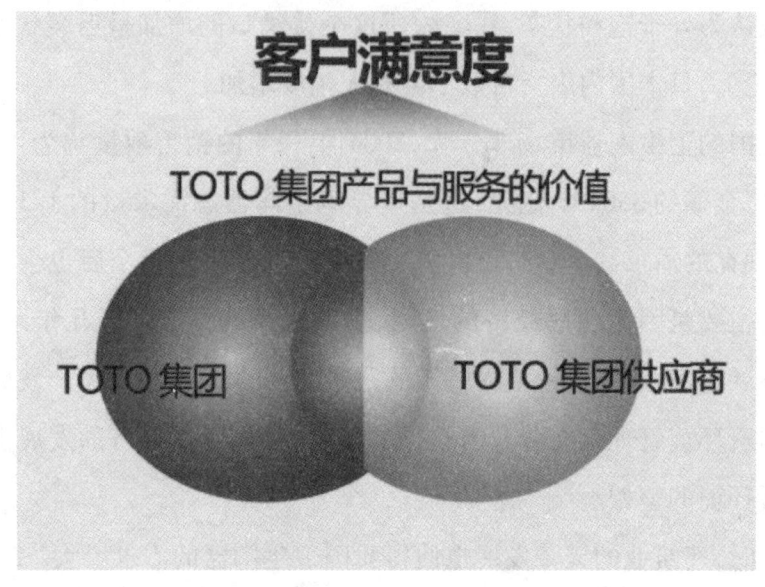

图 3 - 10　TOTO 集团的理念架构

　　中国的卫生陶器市场有着其特殊性,分成高级产品市场、中级产品市场、低级产品市场,年总需求量为 5000 万台,国内的卫生陶器制造厂有约 1000 家公司。不过,被认为是大制造厂的只有 6 家,以中小企业居多,这些大制造厂中也只有一家上市公司,这些国内企业的技术力量不高,开发能力也不足。作为卫生陶器的强国意大利,制造厂的开发、生产、销售的投资比为 4∶2∶4,而中国制造厂的投资比为 1∶8∶1。同时,中国国家环境保护局 2006 年 9 月 17 日发布了卫生陶器标准。中国是供水不足的国家,全国 660 个城市中约有 400 个城市陷入了供水不足的困境中,节水已经成为社会的重要课题。同时,洗浴、上厕所的时候的用水量占生活用水的 40%。为此,这个卫生陶器标准计划比原来节水 6 升。这一标准的出台也意味着卫生陶器技术含量开始在我国受到重视。

　　在这样的市场下,TOTO 以高级产品市场的业务为目标而进行努力。因为在这个市场中,每年有 5000 万台的需求,而技术力量薄弱的我国企业很难进入高级产品市场,约3.9亿的中国家庭市场,被技术力量雄厚的欧美、日本外资企业占领。其中,高级产品市场中存在的高收入家庭约3900万户,他们的消费心理特征是对产品的质量和品牌有很高的要求。同时,拘泥于产品的设计也是他们的消费心理特征。为了迎合中国的市场,外资企业通常把产品设计成欧洲风格,这样的产品很畅销。

其中,TOTO在世界高级市场竞争中占有压倒性的地位。这不仅因为TOTO是值得信赖的品牌,还因为其厕所、洗脸台、水洗金属零件等综合商品都远远超过了其他制造厂,节水和冲洗能力的出色表现也为TOTO在竞争中获胜贡献了一份力量。关于品牌,现在TOTO已经被认为是最想购买的卫生陶器,而且变成了一种地位的象征。

TOTO在日本和中国市场的地位有着鲜明的对比,从市场份额无法分出哪边更好一些,这是因为,TOTO在日本是普及的,在中国是地位的象征,是理所当然的高档品。这个差异是TOTO的市场战略、市场走向、市场全部的技术力量无法操纵的。此外,日本消费者主要重视技术力量,将产品当作工具使用;而中国消费者主要重视设计性和品牌,更看重自己的喜好。

图3-11 TOTO集团获红点奖节水坐便器

　　TOTO 的中国战略被制定为品牌力的确立,以强化为中心。为此,维持品牌形象战略就显得尤为重要。TOTO 认为,品牌是与商品、销售、服务的综合力有关的,这三方面的战略和 TOTO 总社推进的本土化有关。因为中国卫浴市场的产品技术还处于发展阶段,温水冲洗便器等在中国还不太普及,从用途方面可以看作是高级产品。可是,不是所有的产品都是中国人喜欢的设计,中国人喜欢自己感觉满意的产品。为了紧握中国人的感觉,TOTO 公司雇用了香港的设计师。同时,为了满足、充实商品设计所需要的多样化,TOTO 在中国采取减少各个商品生产量、一部分产品按照顾客需求定购生产的模式,从而达到了多种少量生产。

　　在技术方面,TOTO 在器具的表面活用光催化剂等举措在日本取得了巨大的成功。温水冲洗马桶座顺利获得了满意的销售额。

　　之后,TOTO 考虑在有利于环境保护的公共产品的开发中投入力量。TOTO 开发了能让 4 口人的家庭年节水约 4 万 5000 升且大幅低于我国 6 升节水计划基准的 6 升、4.8 升的节水型便器,并在中国大量发售。

　　在价格方面,TOTO 的目标是中国高收入家庭,因为大家普遍认为,高贵的东西有其高贵的理由。在中国,人均月收入约 6000 元,而 4.8 升节水型便器的销售价格是 1800 元。同时,水箱和便器一体化设计的布拉吉型便器销售价格约 3000 元。这样的高价格、机能性、设计都给消费者带来 TOTO 品牌高端的印象。

　　在销售方面,TOTO 主要以商品展销和代理店这两种形式进行。1998 年,TOTO 以上海为中心设立了展厅,2003 年在北京,2005 年在广州也开设了相应的展厅。代理店对店内的内部装饰投入了很大的力量,努力做到气氛与商品相符。消费者提倡新的生活方式的同时,也在为品牌形象的改善做贡献。

　　从中国选取的 7 个不同地方的营业所的销售情况来看,代理店在营业所下还有许多经销商。2008年3月末TOTO在北京、上海等7个城市搭建了销售代理店的销售经营网络。加上天津和深圳,TOTO计划扩大到12个城市。同时,如果有经销商一次性批发大量产品,代理店可以实行预付款制度,这样就使现金结算回收的风险大大地减少。为了提高销售,TOTO在经销商会议上让经销商按销售业绩定座次,从而促进经销商间的竞争。

TOTO广告的重点已经不是商品的机能性,而是把改善品牌形象作为目标,重点从产品机能的便利性转变成强调可以为生活带来的舒适性。广告先是请到了香港的女演员陈慧琳,商业女演员具有的高雅的气质和TOTO的高品位互相结合,成为一段佳话。2018年,TOTO更换了代言人,邀请了用独特视角发现美的著名明星摄影师陈漫,以"追求完美,坚守对美的执着"的一致审美理念作为广告卖点。同时,TOTO决定不仅依靠媒体的广告,还要通过口头互传和展览会等多种多样的方法进行宣传。TOTO普遍在高级宾馆和办公大楼等地方安装产品,因为在那种地方的消费者可以体验产品,TOTO产品高端的印象便在人的脑海中根深蒂固。以前在开拓日本市场时,TOTO也采取过类似的宣传方法,在公共设施和宾馆等地方安装产品,之后在展示会上设立商品展厅,这也是一种很好的发散的宣传方法。这样的口头互传的宣传是TOTO独有的销售战略特征之一。

图3-12 TOTO邀请陈漫拍摄的新广告

图 3-13　TOTO 案例:上(世茂洲际酒店)、下(阿丽拉乌镇)

　　中国以前不太重视售后服务,现在随着经济的发展,售后服务得到了普及。TOTO 的众多代理店都有售后部门,总公司也有售后服务部门。北京、上海、南京、厦门、广州、深圳、重庆的营业所主管售后服务。同时,天津、大连、杭州等 15 个核心城市的代理店也肩负起服务点的责任,对消费者的咨询和修理要求做出迅速并且正确的应对。

　　不仅是售后服务,TOTO 在购买前进行的个人服务中也投入了力量,使得顾客能很快获得商品信息,选择中意的便器、浴池、花砖等。顾客能系统地认识到厕所这个空间的总体印象会变成什么样。同时,商品展厅和代理店也会提供根据专业设计家组合的便器、花砖、浴池、水洗金属零件等的空间设计的建议。TOTO 为顾客提供了多达 6 种以上的设计。其中"休闲"的设计曾获得过亚洲最佳影响力设计奖。正是因为 TOTO 提供的是这样贯彻始终的服务,所以销售前后始终保持着良好的品牌形象。

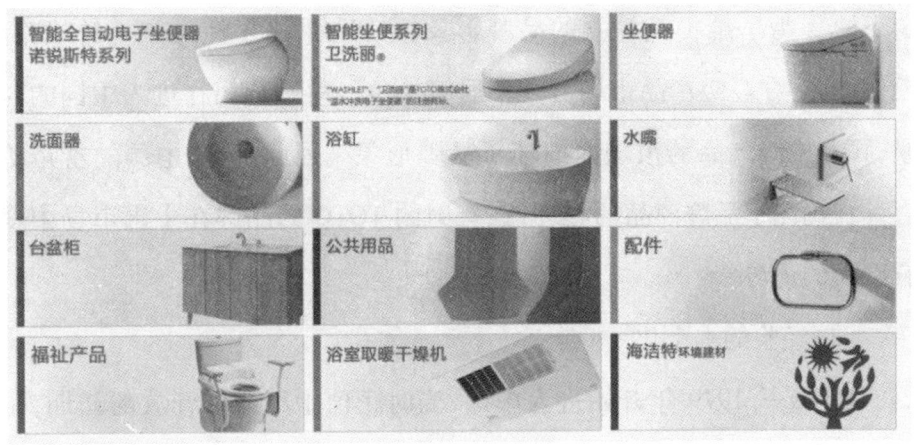

图 3 – 14 TOTO 产品种类(图片来源:TOTO 官网)

凭借着对中国市场的多年耕耘,TOTO 真正实现了中国本土化。TOTO 在中国有 11 处生产据点,在中国销售的产品大部分是在中国生产的。同时,这 11 处生产据点并不生产全部的产品:北京主要生产卫生陶器;南京生产浴池和盆;大连生产金属水龙头和水洗金属零件;上海生产水电产品;广州生产光催化剂花砖;华东的生产据点主要生产卫生陶器和洗脸台。采用这样各有重点的生产产品方式,厕所周边的主要产品已经可以用本土的生产方式完成,原材料的筹措也是本土化。

在人才选用方面,TOTO 公司的职员全部是中国人,各生产据点的工作人员也做到了本土化。为了适应当地的习俗,使员工有中国的感觉,设计师也聘请了香港人。这些人才的本土化做法,从另外一个层面来看,也大大削减了人事费用的开支。

通过对公司概要、市场环境、战略的分析,TOTO公司的优势可以概括为以下三点。

(1)品牌力

TOTO从进入中国市场开始,就积极进驻高级宾馆等,致力于树立高级的印象。现在高收入家庭也成为其销售目标。之后,这些印象得以固定下来。为了维护其树立的品牌形象,TOTO采用了使之维持的战略。反例则是,在高级产品市场占有率居第二位的科勒公司在进入中国的时候,顾及中级产品的市场而损坏了品牌形象。因此,只要中国的富裕阶层存在拘泥于品牌商品的心理,强有力的TOTO的品牌在中国市场中就有巨大的优势。

(2)经验的本土化

TOTO从1979年开始进入中国,当时正值中国改革开放的初期,是中国经济发展相当快的阶段。TOTO得到了中国的重视和信赖,加快了进入中国市场的脚步,与国家和企业法人建立了相互信赖的关系,这对TOTO是十分有利的。本土化措施也极大地削减了产品的成本。

(3)生产的本土化

TOTO把原材料、汇率的变动的风险降到最低,人才的本土化除了削减了人事费用,还可以很快地理解中国的国情和倾向,迅速应对。而且,从较早阶段就开始进入并进行本土化可以很好地把握中国的市场环境、中国人的需要和消费习惯等。

线上布局

为契合中国国内的消费习惯,TOTO在中国知名电商天猫、京东也都开设了线上旗舰店。从现有数据来看,TOTO 天猫旗舰店已经开设 9 年,属于卫浴行业品牌老店。其销量最高的是价格 1899 元的 TOTO 卫浴喷射虹吸式家用马桶,总销量 27481 件,销售量前十价格区间在 79 元至 4999 元。其京东旗舰店销量最高的有 1200 多个评价,因京东本身数据显示原因,无法观测到总体销量,销量前十的价格区间为 1899 元至 5799 元。以其销量最高的马桶来看,TOTO 在京东、天猫上卫浴马桶种类的总体销量远低于中国国产的九牧、箭牌、东鹏等民营知名品牌。

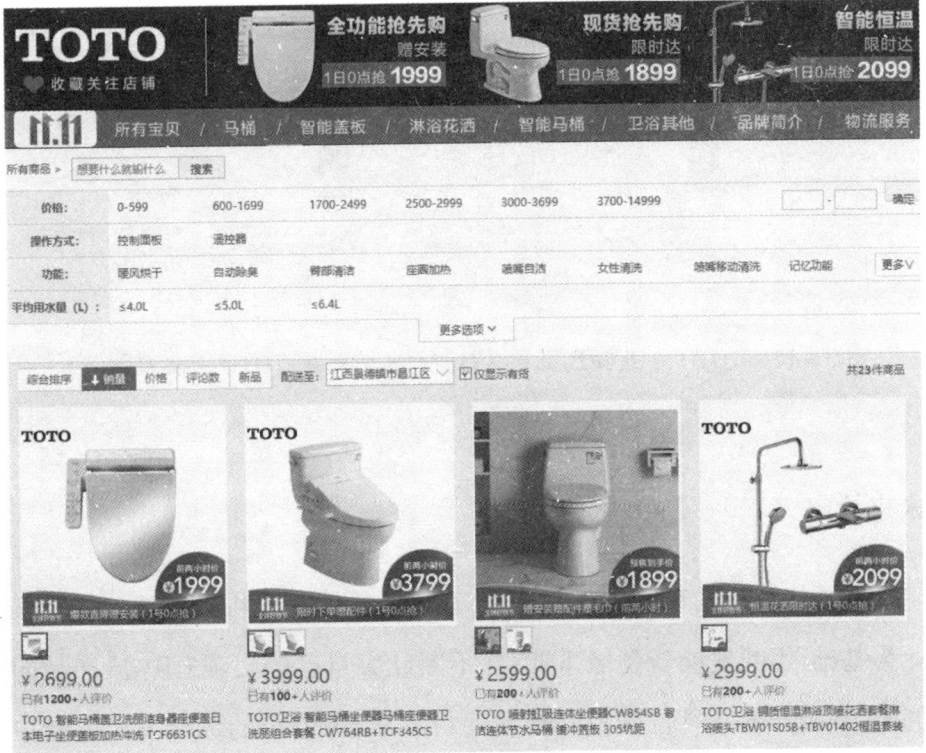

图 3 – 15 TOTO 在京东线上销售情况(图片来源:TOTO 京东旗舰店)

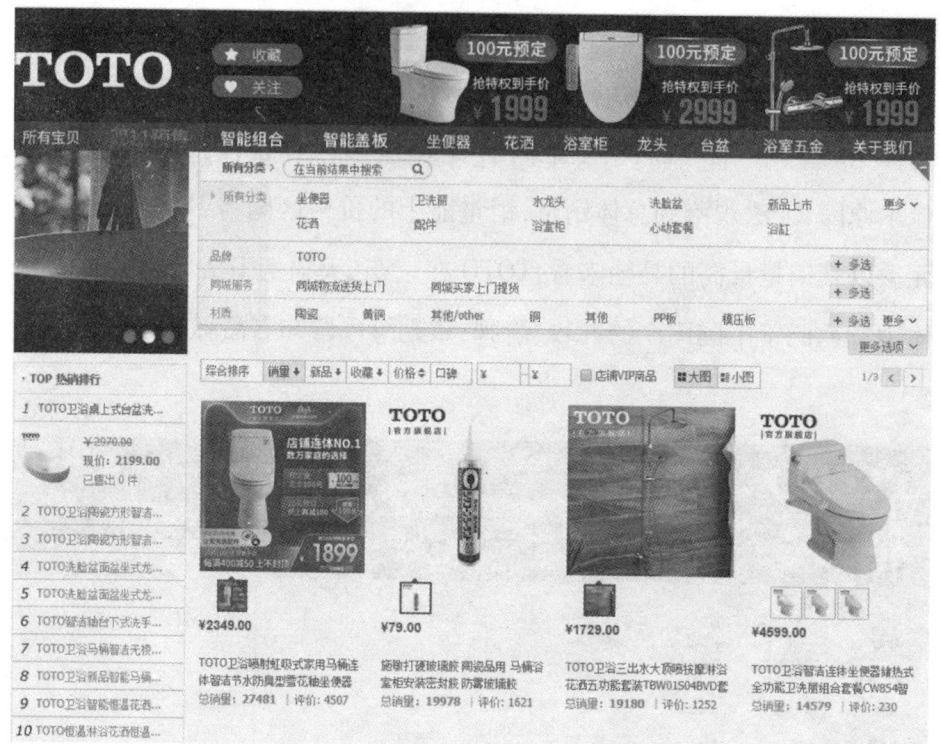

图 3-16　TOTO 在天猫线上销售情况(图片来源:TOTO 天猫旗舰店)

未来战略

从总体目标来看,TOTO 在未来 10 年的总体战略将以全球化住宅事业为基础,不断发展新领域事业,在不断壮大自己的强项"卫浴"产品的同时,积极开发高科技陶瓷和环境建材领域,为公司的综合发展不断注入活力。

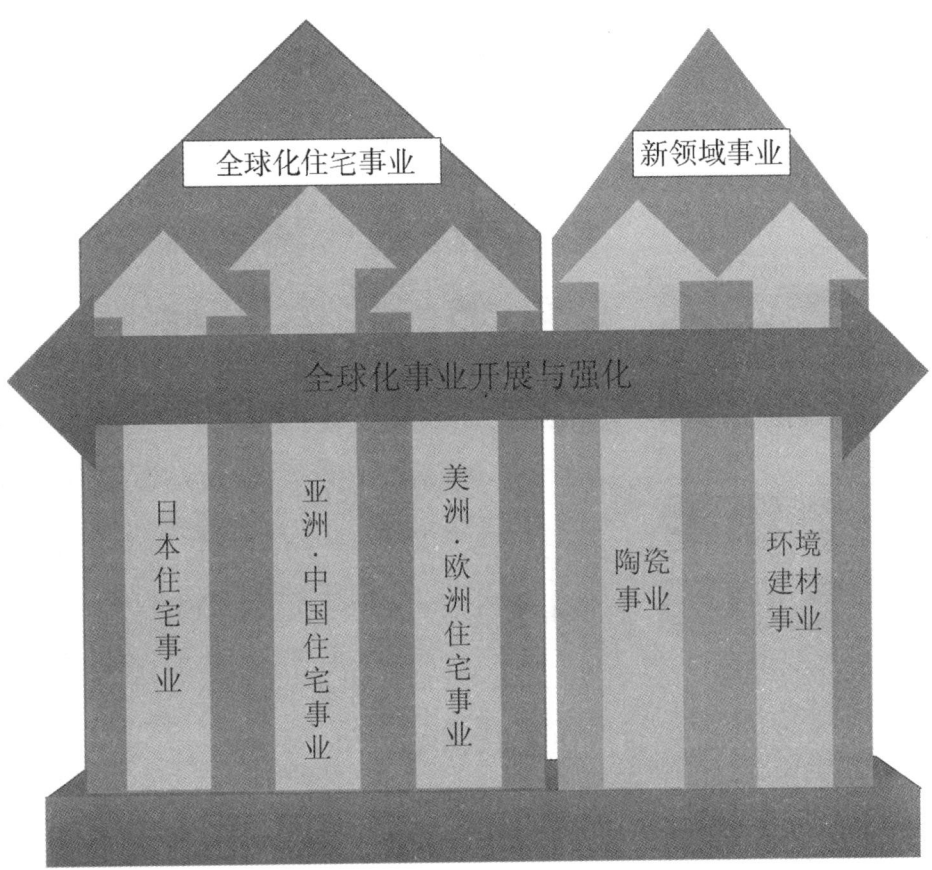

图 3-17　TOTO 全球化战略

TOTO 发表的 2018—2022 年度中期经营计划"TOTO WILL2022"，以 2017 年为基准，对 2022 年的业绩进行了展望。TOTO 将 2022 年的营业收入预定为 7200 亿日元（人民币 417.97 亿元），与 2017 年度相比增加 1200 亿日元；经营利润预定为 800 亿日元（人民币 46.43 亿元），较 2017 年度增加 260 亿日元；ROA（资产收益率）从目前的 9.6% 上升至 12.0%；ROE（净资产收益率）也从 12.4% 上升至 13.0%。

图 3-18   TOTO 销售额及盈利分析及预测

　　计划书中,TOTO 分别为日本、中国、亚洲、美国、欧洲等细分市场制定了具体的业绩指标。可以看出,该公司未来的增长点主要在海外市场。TOTO 预计,2022 年海外市场累计增长率将达 60%(年均 10%),其中中国市场累计增长 48%(年均 8%),亚洲市场累计增长 77%(年均 12%),美国和欧洲市场累计增长 66%(年均 11%)和 94%(年均 14%)。

	2017年度	2022年度	累计伸展率	年平均伸展率
住設事業（日本）	4,330亿円	4,500亿円	+4%	(+1%)
リモデル	2,925亿円	3,200亿円	+9%	(+2%)
新築	1,405亿円	1,300亿円	▲8%	(▲2%)
住設事業（海外）	1,375亿円	2,200亿円	+60%	(+10%)
中国	715亿円	1,060亿円	+48%	(+8%)
アジア	317亿円	560亿円	+77%	(+12%)
米州	307亿円	510亿円	+66%	(+11%)
欧州	36亿円	70亿円	+94%	(+14%)
新領域事業	292亿円	500亿円	+71%	(+11%)
セラミック	202亿円	370亿円	+83%	(+13%)
環境建材	90亿円	130亿円	+44%	(+8%)
全社計	6,000亿円	7,200亿円	+20%	(+4%)

图 3-19　TOTO 2017 年全球实际销售额分析及 2022 年预测

对于中国市场而言,TOTO 预计 2022 年中国市场的营收为 1060 亿日元,较 2017 年度增加 345 亿日元。其中,卫洗丽产品占比最大,达到 380 亿日元,其次是卫生陶瓷(320 亿日元)、五金龙头(260 亿日元)和其他(100 亿日元)。TOTO 表示,未来 5 年将把 TOTO 品牌打造成中国消费者"最值得信赖的品牌",主要措施为大力推广卫洗丽和五金龙头,同时 TOTO 也将此两类产品未来 5 年在中国的增长率设定为 95% 和 56%。经营方面,TOTO 表示,未来将强化既有的建材渠道和电商渠道,并继续完善售后服务网络建设,以助达成目标。

目前,已经创立 100 周年的 TOTO 公司,为自己设立了一个更远的目标:为人类的环保事业和健康的生活提供力所能及的支持。现公司的社长张本邦雄说:"我们需要回到公司设立的原点开始,重新思考,继续为我们下一个 100 年做好计划。我们要继承公司的优秀企业文化,不断改革创新,用具体的行动和成绩来证明。"

3.2　九牧

　　九牧集团有限公司创立于1990年,总部位于福建省南安市,2004年12月组建九牧集团有限公司,2011年6月成立九牧厨卫股份有限公司,是目前国内大型的卫浴洁具产品制造商和供应商之一,同时也是《陶瓷片密封水嘴》国家标准的起草和制定单位,"全国五金制品标准化技术委员会厨卫五金分技术委员会"秘书处。旗下品牌"JOMOO九牧"荣获"中国名牌""中国驰名商标""中国节水产品认证"等多项国家级荣誉。2013年6月,由世界级权威品牌评估机构"世界品牌实验室"发布的"中国500最具价值品牌"榜上,作为行业龙头的九牧以高达80.56亿元的品牌价值毫无悬念地登上榜单,成为五金卫浴行业价值最高的品牌。2014年6月,第十一届"中国500最具价值品牌"榜单在北京揭晓,九牧厨卫以91.62亿元的品牌价值荣登中国卫浴行业榜首。2017年9月,人民网舆情监测中心公布"中国陶瓷品牌影响力大数据排行榜",九牧卫浴品牌活跃度、用户响应度、终端口碑、品牌影响力均排在行业首位。2018年,九牧以221.58亿元再次跻身中国品牌价值500强,连续7年蝉联行业第一。2019年"中国500最具价值品牌"发布,九牧品牌价值以281.69亿元再次跻身中国500强,同比增长27%,连续8年蝉联行业第一。

　　今天的九牧拥有5大生产基地、16个工厂,在全球拥有超过4000家专卖店,有30000多个销售网点,聚焦印度、东南亚、俄罗斯市场,布局欧美市场实施本地化运作,产品全球累计销量超过10亿件,已形成整体卫浴规模化效应,提供一流厨卫解决方案,成就全球厨卫经典。

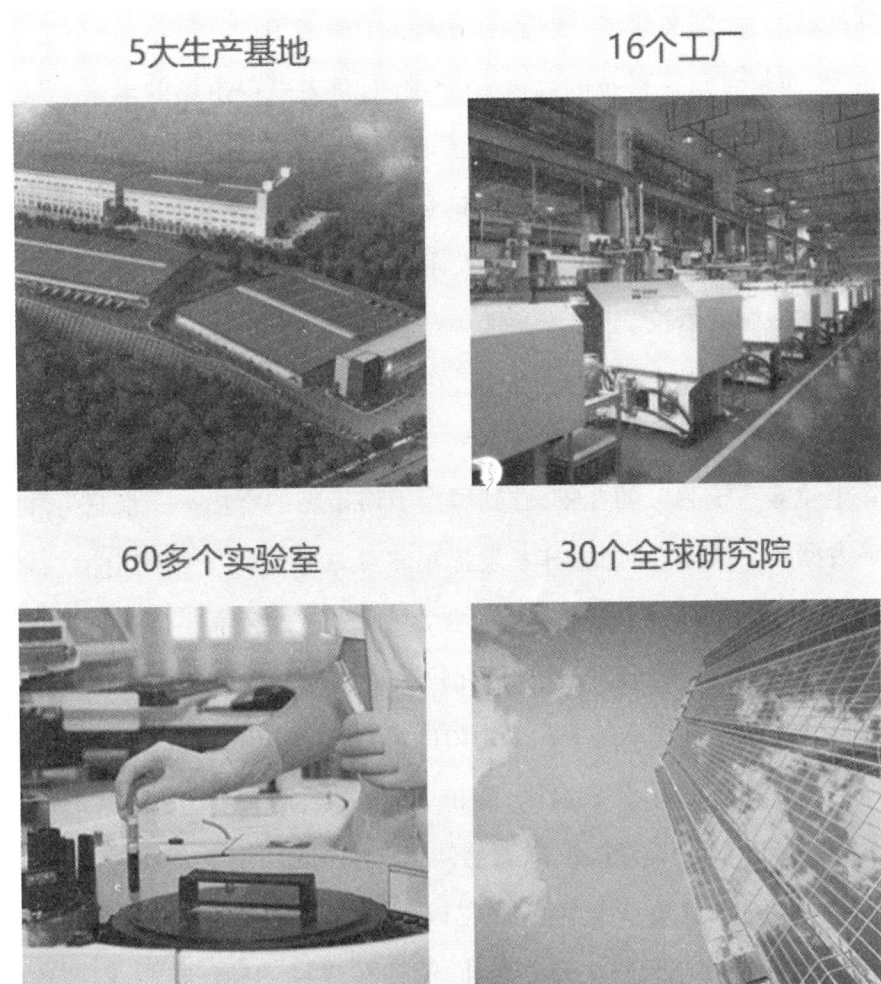

5大生产基地　　16个工厂

60多个实验室　　30个全球研究院

图 3-20　九牧集团的硬件设施

经营理念

在九牧的"语录"里有几句话很能说明其经营理念——创新。九牧的创立得益于创新,九牧的发展得益于创新,九牧从创新中尝到了甜头,也更能感受创新对一家企业生死攸关的意义所在。九牧要想成为一家

"百年老店"，一定得依靠创新：管理和制度是创新的基础；产品和制造是创新的核心；品牌和营销是创新的灵魂。中国厨卫的发展不是依靠拼劲和蛮力，而是要站在科技的高度，用不断创新去赢得市场的未来。只有让"中国制造"变成"中国创造"，中国的实业企业才有竞争力。留在我们前面的路只有一条：那就是用持续的创新不断地变革甚至否定自己，使产品和品牌拥有无可辩驳的竞争力，永葆年轻，这样才能被消费者喜爱，在市场中掌握话语权。

九牧集团有限公司是家族企业，在其近30年的历史中，九牧每一次的重要转折点都离不开"创新"二字。20世纪90年代，以做矿山用采煤机除尘喷雾系统起家的九牧，看到国内卫浴市场的空白——水龙头淋浴几乎占据整个市场。对此，林孝发提出将喷淋系统用于民间卫浴领域。1995年，他带领团队成功研发了内地市场上第一个花洒。2009年，九牧集团董事长在当时喊出口号"百亿九牧"，而当时的九牧集团年销售额不过10亿，市场占有率不过1%。在2011年的一次记者访谈中，林孝发有这样一段回答："改革开放以来，香港、台湾、澳门形成一个闽商的贸易圈，福建的商会组织得好，形成贸易体，在这样的环境下，刺激人们打拼事业。闽南地区就是一个典范，很早以前，就有35万南安人在全国各地做卫浴销售，或在当地自主开办企业，闽商在建材、卫浴、鞋业、服装这些领域，意识比较早，也比较强。先做销售，再做品牌，稳固根基后，重拳出击品牌建设，再用品牌来促进销售，而后，良性循环发展，企业越做越强，品牌越做越大，备受关注！"

如今2019年，依靠"创新"带来的不竭动力，九牧已经奠定其国内同行业的领军地位。在近日揭晓的2019德国iF设计大奖获奖名单中，九牧的产品从54个国家和地区的近6400件参赛作品中脱颖而出，斩获5项iF国际设计奖。截至2019年5月24日，九牧在中国公开的专利申请为 3212 件。①

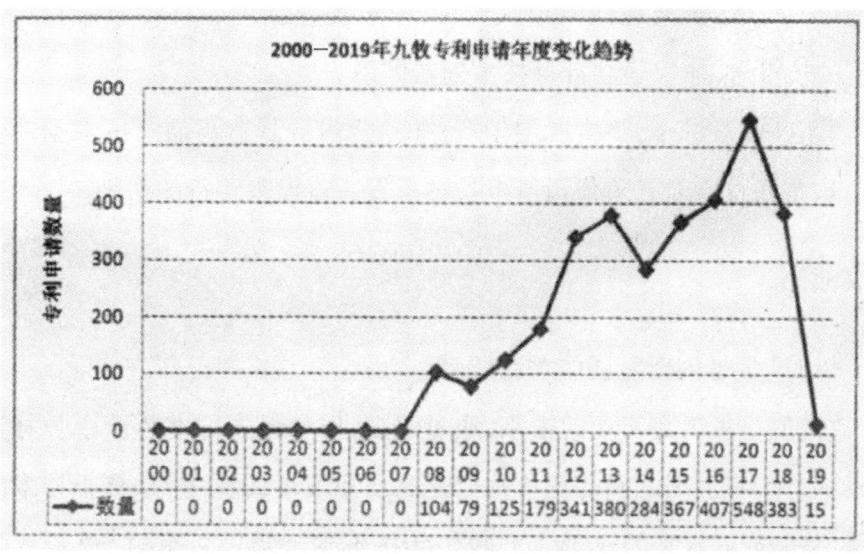

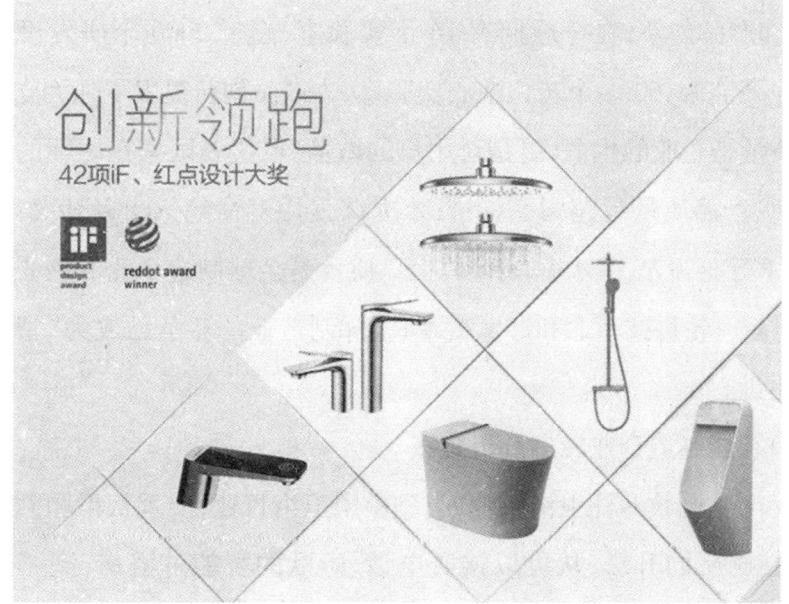

图 3-21　九牧的专利申请及设计获奖产品

---

① 黄振山、师广义：《九牧的中国专利布局分析》，《轻工科技》2019 年第 9 期。

　　作为国内大型卫浴洁具产品制造商和供应商,九牧顺应经济转型升级趋势,在供给侧结构性改革大潮中,牢牢抓住新一轮科技革命和产业变革的新机遇,加快建立自身技术创新体系。

　　"不断学习进步,坚持自主创新,推动公司从制造驱动向技术驱动转型",这是九牧厨卫有限公司董事长林孝发一直以来践行的法则。

发展战略

　　(1)质量是创新发展的关键驱动

　　"高质量发展是产业的未来,质量强企,质量强国!"九牧董事长林孝发表示,"未来大国之间的竞争一定是高质量发展的竞争,是核心技术的竞争,是制造业水平的竞争。"九牧每年按不少于销售总额的5%投入技术研发和产品创新,在全球拥有16个实验室、超过2000个研发设计团队、30个研究院、60多个转化中心实验室,为产品创新提供了强大支撑。

　　"质量是企业的生命,更是对用户的诚信,也代表国家在国际的话语权。"九牧产品质量远超国家标准,水龙头使用寿命超100多万次;淋浴增压技术行业领先,节水率50%以上。质量是全球制造企业的核心竞争力,面对新一轮科技革命和产业变革,全球制造业的竞争已成为"智能制造"的比拼。

　　(2)智能制造企业转型升级之路

　　29年来,九牧专注卫浴行业,引领中国卫浴行业,实现从旱厕到水厕再到智能厕所的升级,从可以接听电话、听歌的智能淋浴房,到一键智能、健康管理的M5名匠智能马桶,九牧在改革开放的经济浪潮中,不断创新求变,成功探索出了一条从"传统产业—智能家居—大健康产业"的智能制造转型升级之路。

　　在传统产品中,九牧融入新一代信息技术、节能环保技术,开发出集智慧化、绿色化、健康化、社交化于一体的新产品,更好地满足了人民群众对美好生活的向往。

比如,九牧的创新丝滑釉技术比普通陶瓷光滑 3 倍,抗菌率高达99.8%,大大提升了抗污能力。九牧智能马桶在全球首创电解除菌水洗技术,让冲洗用的自来水变得更干净,通过语音控制,还能实现听歌、听新闻等功能。

九牧不仅率先在业内实现马桶的智能化,更首创以"健康管理"为核心的整体智慧卫浴空间概念,实现了从智能向智慧的理念跨越,引领新的智能卫浴消费浪潮。

(3)智能制造创新转型的重要引擎

九牧每年按不少于销售总额的 5% 投入技术研发和产品创新,公司在全球拥有 16 个实验室、30 个研究院,在厦门、上海等多地设立了创研中心,为产品创新提供了强大支撑。

作为国家级智能制造试点示范企业,九牧积极聚焦高质量发展,实施"制造转型"战略,成立了九牧陶瓷智能研究院。据了解,九牧陶瓷智能研究院是全球首创的陶瓷全自动生产工艺研究基地,研发了两套陶瓷智能生产设备,实现信息化、自动化、智能化,生产效率提高了 25 倍,产品合格率由 68% 提升到 98%,原来只能用 100 多次的模具,现在可用近 6 万次,模具使用效率得到大幅提升。

近年来,九牧还对现有的智能马桶和卫浴五金工厂进行"柔性生产"技术改造,提高了生产效率。比如,传统的卫浴五金厂铸造生产线采用人工手动浇注,生产工艺参数无法形成标准,产品不良率高,生产效率低。改造后,导入机器人全自动浇注机,设备自动控制浇注速度、模温、刷具清理等,产品质量由 96.5% 提升到 99.5%,生产效率由 1500 件/班提升到 4000 件/班,效率提升 167%。

在智能制造车间,其国际领先的高压成型系统、脉冲气流干燥系统、机器人施釉系统等组成的智能化生产线颠覆传统陶瓷制造模式,让人工成本大大降低,生产效率提升65倍,为传统产业注入了新动能。

"未来,九牧将深耕中国市场,为国民创造美好生活新方式。"林孝发表示,泛家居产业不再弯道超车,必须换道超车,创造新模式,实现新经济。

从做淋浴头起步的厨卫传统企业,跨界到健康环保领域的现代智能产业,九牧集团紧紧围绕创新发展,实现从传统制造向智能制造的转型升级。

非典型性九牧经营方式

(1)横空出世的线上布局

一个传统制造型企业从零开始,只用了一年时间成为行业电商第一品牌,业绩实现十倍速增长,简直可以用坐火箭来形容。

2011年上半年,九牧产品在网上"群魔乱舞""真假难辨"。下半年开始,九牧对此进行处理,邀请网上销售商到集团总部召开了首届网络经销商大会,给他们颁发正式的网商牌照,并承诺保护他们的正当利益,甚至专门为他们研发生产网络专供产品。就这样,在仅仅一年多的时间里,九牧就创造了几个第一。2012年淘宝"双11""双12"期间,九牧在卫浴行业销量第一("双11"促销,一天之内销售额达到了3500万元,其中花洒卖了5万多根、销售额达1000多万元,在家装行业销量第一);产品搜索排行第一;打造九牧卫浴网络专供款,这在行业内也是第一家。

2012年,九牧以突破3000万元的销售额位居建材家居馆全网第一。2013年11月在南京举行的营销年会上,九牧董事长林孝发警告:"我们必须意识到,如果今天不做电子商务,明天将无商可务。我们必须拥抱互联网,不断改变和创新,否则就会落伍,跟不上的人将被降级、淘汰。"电商的发展趋势和普通行销的发展趋势就好像地震的两个断层之间的上升和下沉,电子商务的各方面都在上升,传统的行销模式停滞不前甚至在走下坡路。

2013年,九牧在天猫年度"双11"活动中再创卫浴电商奇迹,销售总额突破1.2亿元,"双11"当日销售额突破7000万元,较2012年同期增长了1倍,成为天猫建材行业全网销售冠军。其中,九牧花洒、挂件、水槽、智能盖板独占鳌头,销量均为天猫同品类第一。

2014年,九牧电商再创奇迹,以2亿元的销售额再次刷新家居卫浴行业纪录,这已是九牧连续5年在"双11"期间位居建材电商全网销量第一,并全面实现O2O(线上与线下销售协同)。

与很多建材家居企业一样,2010年的九牧电商还处于设想阶段,一些高层、运营商也反对九牧进入电商,不相信卫浴产品能做好电商。刚刚成立的10个人的部门如何做大电商渠道?很简单,因为九牧有一条"人才定律":对于不懂的行当,你可以找专业人士请教,实在不行就把他请过来。这是最直接的方法,也是九牧的人才战略。

九牧电商的狂飙猛进引起了业界和经销商们的强烈关注,但许多企业依然等着看九牧的笑话。在一次电商渠道会议上,九牧决策层提及网上的"假九牧"很多,要求电商部门想办法解决,而在电商平台清理假货是一件非常困难的事情。年轻的团队初生牛犊不怕虎,采取"渗透计划",鼓励推动各地运营商开店,与总部电商平台结合。在天猫"双11"期间,九牧的官方平台配合运营商在网上投放广告,把流量直接导入官方平台,而那些体系外的商家没有资金也没有资源,在运营商和官方平台的合力出击下,假货没有了市场,自然销声匿迹。

通过"渗透计划",九牧的各地运营商抢到了电商这块蛋糕,经销商的电商渠道也慢慢打开,从不受控制的渠道变成正规的渠道。目前,九牧在天猫共有 24 家店,淘宝金冠店 3 家,皇冠店 40 家,在卫浴行业品牌店铺中数量是最多的。以排名第一的九牧官方旗舰店为例,近半年有 5.1 万人进行了动态评分,销量第一的是 JOMOO 九牧铜镀铬加厚冷热水三角阀,卖了 104 万个;大件类销量第一的是九牧虹吸式普通陶瓷坐便器,卖了 22 万个,而在淘宝上用同等价位区间去筛选九牧的陶瓷坐便器也是销量最高的。

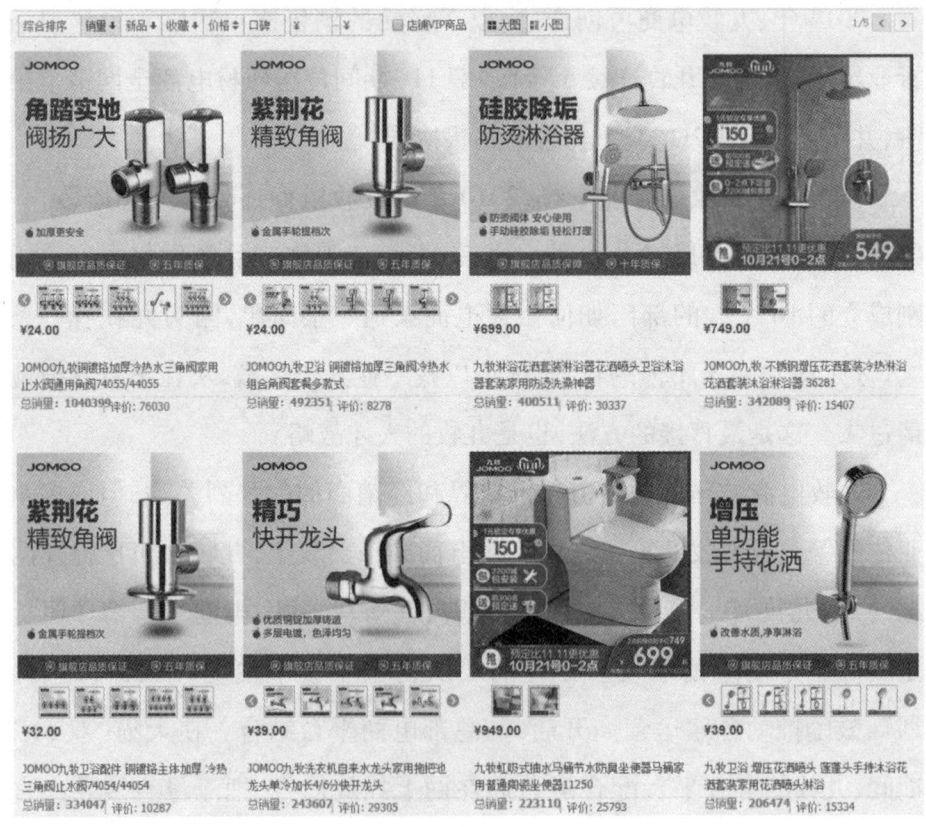

图 3-22　九牧在京东的线上销售情况(图片来源:九牧京东官方旗舰店)

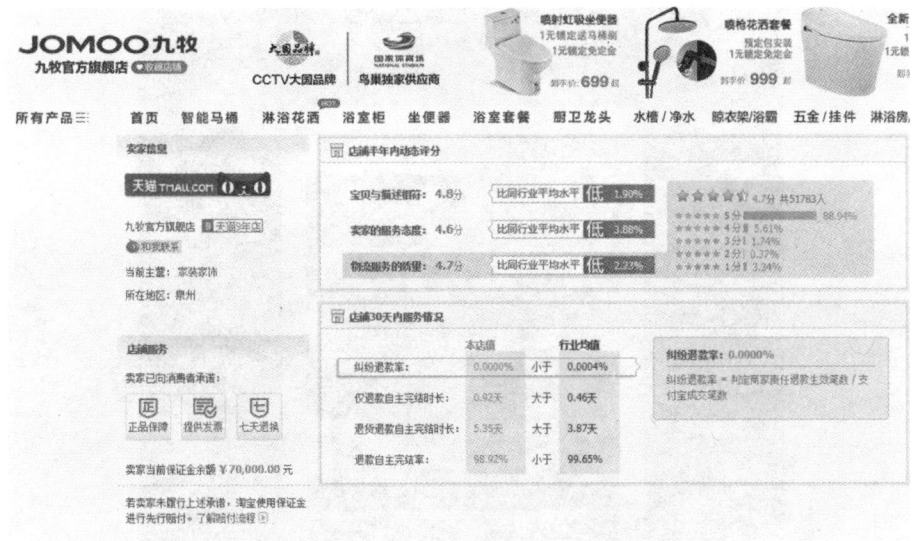

图 3 - 23　九牧的天猫官方旗舰店

从两年前摸着石头过河的电商新手,到人见人怕的竞争对手、天猫电子商务的标兵,整个厨卫的电商市场都被九牧电商的异军突起彻底颠覆了。

卫浴行业在网络上进行销售往往存在一些困难,比如价格、产品配送等方面会有冲突。九牧对此已经有了解决方案,他们将线上和线下的产品区分开来以免产品和价格冲突;在产品配送上,小件产品用快递,大件产品靠线下的运营商服务网支撑。同时,九牧还增加人手,开设全新电商物流仓库、疏通物流通道等,极大地缩短了物流配送时间。

也就是说,九牧做的是服务电商、价值电商,换句话说是“商务电子”平台而不仅仅是电子商务销售。

现在,九牧的电子商务不再是总部与传统销售部门隔绝的独立部门,而是全国4000多个实体终端网点纳入电商体系的O2O模式,实现了线上线下经销体系的成功对接。

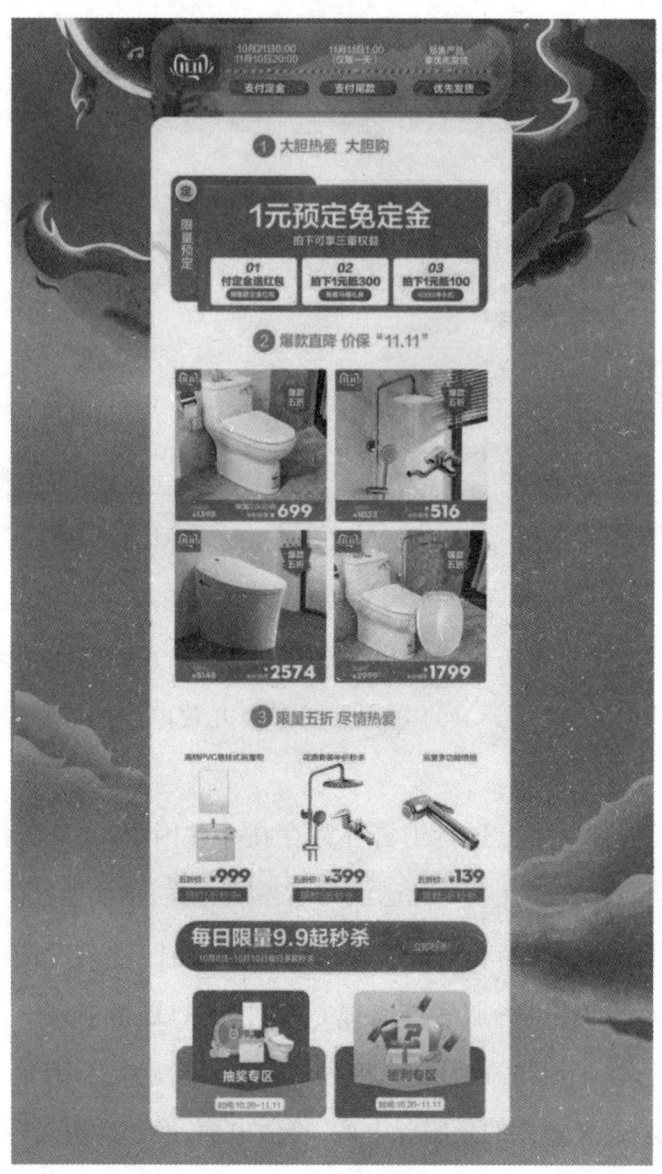

图 3 – 24　九牧官方旗舰店推出的一系列优惠活动

以上图片来源于 2019 年 10 月的九牧天猫官方旗舰店。离"双 11"还有近一个月时间,很多相关的天猫旗舰店还没什么动静,九牧已经早早开始布局各种各样的活动,这样的速度和活动构建不光是线上电商部门一家能够做到的,它需要经销商、运营商、后台管理体系各个部门的配合。

九牧 O2O 模式的实施分为两步:第一步,线下到线上,鼓励线下传统的运营商开天猫网上商城、经销商开设淘宝店,把线下的用户群体带到线上来了解企业、品牌及产品,然后下订单,同时引导客户体验网上生活,优化用户群体;第二步,线上到线下,就是把线上的消费者带到现实的商店中去,在线购买后再到线下去享受商品和服务。

经历了手动下单、手工填写快递单、人工发货、表格来回传递等烦琐流程,九牧深切认识到要将电商各流程系统化、快速发展电商,一套专业适用的电商 IT 系统是关键。九牧认为,O2O 的成功实施最关键的不是前台,而是后台的信息化体系支撑和相关配套管理服务体系的建设。目前不仅前面手动的烦琐流程已经通过网销系统解决,九牧还将电商系统与 SAP 系统对接,实现了订单自动流转,财务自动核算,自动便捷打单、开票、制票等,将 SAP 系统中的采购、生产、库存管理等流程模块与电商 IT 系统中商品、订单、库存、渠道、资金等环节有机整合在一起,实现了商品流、订单流、资金流等信息流的准确、高效流通。

(2)大客户营销,卖产品就是卖价值

2011 年 12 月 15 日,700 多平方米的九牧鸟巢旗舰店在北京开业。与九牧鸟巢店毗邻的是 TOTO、科勒等国际厨卫品牌的形象店,它们是九牧工程旗舰店的模板。

所谓大客户营销(Spin Selling)是指企业为某个集团大客户提供的特别销售服务。这些交易量大的客户对企业显然非常重要,企业在设计销售组织时必须予以特别关注。大客户组织指以客户的规模和复杂性为划分依据的市场专业化销售组织,企业设专门的机构并配备专门人员来负责大客户的销售业务。它可以称为集团业务或 B2B(Business to Business 的缩写,指企业间的营销关系)业务。

北京九牧的负责人陈先生在2006年就已经参考国际品牌的做法成立大客户部(原工程部),部分员工在这个部门已经做了7年。在很多企业看来,大客户营销就是"搞关系",但九牧认为,更重要的是提供完整的方案和服务。现在大客户的决策越来越科学化,甚至成立招标委员会进行采购,企业需要培养面向此类客户的独特销售能力。在北京九牧的摸索过程中有以下几点值得借鉴推广:

①维护客户资源

"客户资源是做工程非常重要的要素。"陈先生在大客户资源的培育和积累上下了大功夫,"我们会建立客户档案,同时把这些客户进行分类,重点项目我会亲自负责,对一些使用过九牧产品的客户进行回访,专人一对一维护好关系。"

②开拓合作伙伴

北京很多大型家装公司都在转型做公装,装饰公司的数量不一定很大,但项目相对比较稳定。而北京九牧就和这些装饰公司结成战略联盟,建立长期合作关系。

除了自己干,作为区域总代理商,陈先生还积极支持和鼓励分销商开发工程项目,只要分销商有工程方面的信息就派专人协助。同时,他还主动和建材行业非同类商家交流工程信息和关系客户,以灵活合作方式共建项目。

③灵活构建团队

北京九牧在团队建设上通过优势平台和利润分配的方案,充分发掘团队每个人的潜力,使团队价值最大化。他们也寻找一些有经验的业务好手来做兼职,有业务就随时合作。

在深耕大客户渠道的过程中,北京九牧的探索可谓颇具案例价值。陈先生说:"在创业的过程中我也走了很多的弯路,我们也是在发现问题、解决问题的过程中不断找到经营的感觉,我现在对北京九牧提出的要求就是'创新营销,重在执行',创新最终还是要落地到行动上来。"

在他的努力下,2011年,北京大客户工程市场销售比例已经占了整体销售额的20%左右。2012年,北京九牧坚持做深整体卫浴零售市场的同时,加大力度开拓大客户渠道,力求让大客户工程销售成为北京九牧市场销售的新兴增长点。

在2012年以前,九牧一直聚焦于零售渠道,在20多年的发展历史中,九牧的龙头五金产品在中国做得最早、最久,开发渠道方面也是量最大、最密的,营销网点算下来有30000多个。在对新的发展形势进行分析后,九牧做了很大的调整,在渠道创新上猛下功夫,其中之一就是加强了对大客户渠道的重视。

在卫浴界,以前大客户市场几乎被国际品牌垄断。国际大品牌在20世纪90年代初进入中国,率先攻克的就是大客户渠道。直到现在,大多数国际品牌的大客户占市场份额普遍在60%以上,可见这一渠道对九牧成为国际知名品牌的重要性。"现在国内市场竞争越来越激烈,传统销售业务已经发展到一个比较成熟的阶段,市场要突破,必须要根据品牌定位找到落脚点,找到创新的渠道。大客户工程的渠道优势在当今越来越激烈的市场竞争中越来越明显。"一位九牧高层如是分析。

2008年后,受全球金融环境恶化、国内房地产政策的调控等诸多因素的影响,卫浴市场的竞争格局也发生了明显的变化。2012年,随着国内洁具卫浴行业逐渐进入成熟期,行业开始重新洗牌,洗牌的过程既是挑战也是机遇,而九牧把握住了这一次机遇,在渠道创新上猛下功夫,除了电子商务,九牧决策层还把目光投向大客户营销和进军海外市场这两块业务上。

早在2010年以前,九牧便有了较为成功的国内外销售工程的案例,

　　包括国内的国家奥林匹克中心、上海世博会未来城市馆、厦门喜来登大酒店等,也涉及海外的工程案例,如日本国际酒店等。每一个工程的成功在给予九牧经验积累的同时,也慢慢形成一个客户群。2010年,九牧正式建立了大客户部。在九牧团队的统一计划和推进下,大客户的销售增长异常迅猛。

　　2011年后,九牧的工程客户越来越多。执行总裁林友色认为,大客户渠道因其所涉及的业务板块涵盖了城市住宅、公共设施建设、工业建筑装修等工程领域,并对其厨卫空间装修设计进行了严格的划分,因此里面的学问很大。他说,九牧未来在大客户渠道建设方面,要继续专注产品设计与团队的规模建设。

图3-25　九牧在国内的成功销售工程案例——国家体育场建设

　　"九牧所追求的便是根据用户的不同需求,为其量身定制每一个工程项目的解决方案。最近我们和国内大的建材集团、大的建筑公司、大的房地产公司都已经联合,我们不光联合,我的想法是这样的,不光给他们提供产品,还和他们一起研发居住空间。"林友色说。

　　目前,由于良好的质量和综合优势,九牧品牌越来越受到大多数开发商、建筑商等大客户的青睐,品牌优势越发凸显。目前,九牧正以一、二线城市工程建设为据点,逐步向三、四线城市发力和迈进。九牧大客户部也升级为大客户运营中心,在面向全国的同时,队伍规模也不断扩大。

在服务方面,九牧打破了传统的销售与设计分离的模式,让设计师来做销售。"变卖产品为卖价值",大客户工程团队已将单纯的产品销售提升到更高维度,从节能减排、空间价值利用、风格设计等几个角度进行设计和构思,提升用户价值体验,根据客户定制化需求,主推产品设计和服务,为客户量身定做个性化厨卫解决方案。

2012年至2014年,九牧分阶段完成全国工程旗舰店的布局,在全国范围内,每个省或直辖市均建立一个600平方米的工程旗舰店,使九牧的产品实力、品牌实力得以充分展现;在业务运作层面,重点以精装楼盘为突破口,与各大型房地产公司建立战略合作关系。从深圳御景东方、福州恒力城、厦门国际会展中心的精装修,到清华大学、北京大学、南京大学公用厨卫空间设计,再到与中骏地产、融侨集团、军华置业在空间设计上展开战略合作,九牧大客户工程团队的实力正以不可阻挡之势覆盖全国。

图3-26　九牧成为大兴机场公共区域唯一卫浴供应商

九牧预计，未来的大客户市场注定是一块大蛋糕。对于国内工程市场这块大蛋糕，也许关键不在于大小的问题，而要看是否有足够的渠道来拓展。因此，决策层和大客户运营中心的同事们一道确立了如下方针：大客户中心业务分为北京中心和厦门中心，有针对性地分别管理南北销售区域，协助经销商建立大客户业务团队，开拓工程项目，打进礼品市场，并积极与第三方合作扩大销售，利用多种业务渠道互补互利，提升业务能力。

在服务大客户方面，九牧不是开发出几种风格去让客户选择，而是根据客户的风格需求开发出适合他们的整体产品风格，比如家居用户的现代简约风，工程客户的高端典雅风、罗马风等，客户只要提出需求，九牧就能开发专属他们的个性产品。这种定制模式深受客户的欢迎。

"将卖产品变为卖价值"的转变绝不仅是一句话、一个产品或者一个销售模式，它的前进方向是企业整个系统、整个价值链的转型。这与九牧后来推出的"五星卫浴定制空间"专卖店的理念如出一辙，其背后是建立面向消费者的运营模式创新，消费者获得了想要的价值产品和服务，企业也会在这种市场驱动的组织转型中赢得更大的发展空间。

四、现代中日陶瓷企业——日用瓷篇

在中日日用瓷陶瓷企业中,我们选择了日本的鸣海制陶、中国景德镇的国瓷红叶、广东的松发陶瓷作为研究对象。三家陶瓷企业各具代表性,发展理念方式截然不同,但都同时属于各自领域的知名品牌。鸣海制陶是日本国内知名的三大骨瓷厂家之一,其日用瓷远销世界,是日本日用瓷中的中高端产品;景德镇国瓷红叶是最中国、最传统的瓷区的历史传承,多次作为国礼瓷,代表中国走向世界;松发陶瓷是三家企业中最年轻的陶瓷企业,仅仅成立了 17 年,但是发展非常迅速,已是中国国内各大陶瓷展览上的知名品牌。

4.1 Narumi(鸣海制陶)

鸣海制陶株式会社,前身是帝国制陶所。第二次世界大战后,帝国制陶所开始生产高质量的西洋餐具,于 1950 年成立鸣海制陶株式会社,公司主营日用瓷、玻璃水晶日用品,王牌是骨瓷餐具,产品遍布全球。

鸣海自古就是日本的著名陶瓷产地。早在江户时代初期,鸣海的村落就开始烧制鸣海烧。到了幕府时期,鸣海各地出现了许多烧制陶瓷的作坊。1911 年,Narumi 的前身"帝国制陶所"在日本名古屋创立。

"二战"后,日本随处可见残垣断壁,战争的残酷使家破人亡的故事时刻上演。从前生活精致考究的日本人一瞬间过起了颠沛流离的日子,甚至连一家团聚用餐都变为很奢侈的事。快乐的餐桌没有了,幸福的团聚时刻也没有了,那家的意义又何在? 对于传统的日本人而言,一张"幸福的饭桌"就是安乐静好生活的象征。当时的 Narumi 就是抱着为国人重新创造完美餐桌文化的信念,开始致力于研发精美的骨瓷产品,希望看到围坐在餐桌旁的一家人甜蜜幸福的情景。

创造幸福的初衷经过近半世纪被完好地传承下来,直至今日,这个理念始终没有改变。凭着精湛的技术和严密的管理,Narumi 成为日本首家成功批量生产骨瓷餐具的企业。不仅如此,它还首次将完美的日本骨瓷文化传递到了美国。"邂逅好事物"这句话,作为 Narumi 的广告语从昭和五十年初(1975 年)开始沿用至今。Narumi 一直以来秉持着提供好产品、制造好产品、传送好产品的理念,致力营造的不仅是产品本身,还有如何让客人通过使用产品,来感受"邂逅好事物"这句话,并且感受到更深层次的幸福含义。

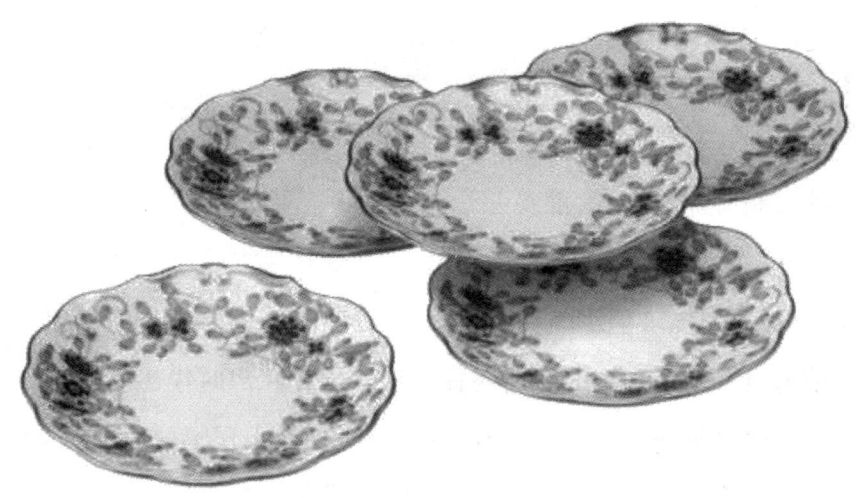

图 4-1　"Narumi 鸣海 Milano 系列"瓷盘 5 件套

图 4 - 2 "Narumi 鸣海 里花暦系列"瓷盘五件套

经营理念

人们的幸福,才是企业行动的出发点。正是因为有了顾客的存在,才会有我们企业的存在。一切事情都要站在顾客的角度去考虑。Narumi以骨瓷餐具为核心,通过各种陶器相关商品的开发、生产、销售,为顾客提供优质的产品和满意的服务。另外,公司还致力于为人们日常生活带来愉悦和舒适的相关事业。谨记企业行动的出发点在于人们的幸福,以人类社会的文化为根本,重视保护人类生活的自然环境,创建具有生产和工作价值的企业,员工可按自己想法最大限度地自由发挥个人创造力。

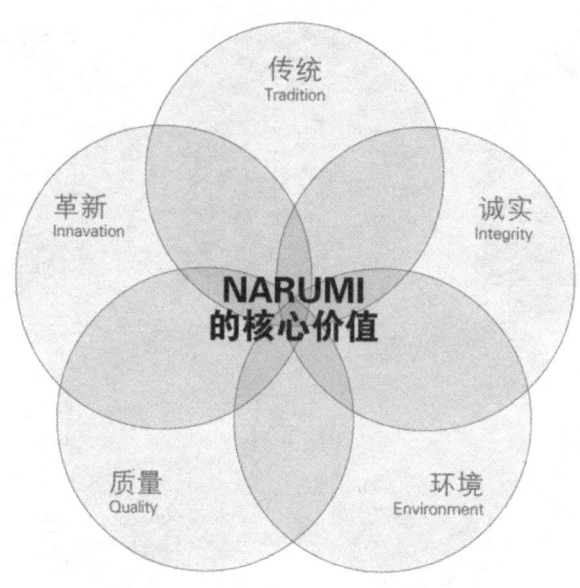

图 4-3　Narumi 的核心价值

发展战略

　　Narumi 灵活运用在骨瓷中培养出来的传统核心技术与设计能力,提供满足顾客需求的高品质的商品和服务。Narumi 致力于为顾客的生活带来愉悦,令顾客的生活更加丰富多彩。我们以成为享有世界声誉的优秀企业为目标,在"社会责任""规模""收益性"等各方面,求真务实地积累了相当的经验。

　　(1)社会责任

　　时刻注重环保,成为深受社会信赖的企业。真心为员工着想,成为一个让员工感到自豪和有工作价值的企业。

　　(2)规模

　　确保一定的销售额,可在市场上占有一席之地。

　　(3)收益性

　　成为一个小而耀眼的高收益企业,确保营业利润率稳定于8%。

营销布局

鸣海制陶株式会社资本金 5 亿 4 千万日元,员工 343 名,占地面积 29668 平方米,拥有线下零售代理 22 家,HR 代理 21 家,零售店 42 家,遍布全球 34 个国家。在中国一共拥有 22 家零售店,均为当地的一线知名商场。

拥有日文自营购物商城 http://www.e - Narumi.com/,在日本亚马逊、日本乐天均开设了线上专营店铺,同时在亚马逊开通了海外直邮自营店铺,在 Twitter、Facebook、Instagram 均有官方运营账号。

Narumi 在中国知名的互联网销售巨头天猫商城、京东商城均有网络旗舰店,有中文官网,在微媒体上以"Narumi 鸣海"为名注册了微信公众号专职发布促销信息。从其中文官网透入的信息来看,Narumi 与中国境内 55 个知名的高端酒店品牌均有业务合作。

图 4 - 4　鸣海制陶在世界的零售店代理分布

▶ 酒店业务列表

• HONG KONG JOCKEY CLUB 香港马会会所	• SHANGRI-LA HOTELS & RESORTS 香格里拉集团	• INTERCONTINENTAL HOTELS GROUP INTERCONTINENTAL HOTEL 洲际酒店
• CPC CLUB BEIJING 中国共产党中央组织部	• SHANGRI-LA HOTELS 香格里酒店	• CROWNE PLAZA HOTEL 皇冠假日酒店
• HILTON WORLDWIDE 希尔顿国际集团	• TRADERS HOTELS 国贸饭店	• ROSEWOOD HOTEL GROUP 瑰丽酒店
• WALDORF ASTORIA HOTEL 华尔道夫酒店	• THE PENINSULA HOTEL 半岛酒店	• MARCO POLO HOTEL 马可波罗酒店
• HILTON HOTEL 希尔顿酒店	• PANGU HOTEL BEIJING 北京盘古酒店	• ACCOR HOTELS SOFITEL LUXURY HOTEL 索菲特酒店
• CONRAD HOTEL 康莱德酒店	• FOUR SEASONS HOTELS AND RESORTS 四季酒店集团	• PULLMAN HOTEL 普尔曼酒店
• HYATT INTERNATIONAL 凯悦酒店集团	• FAIRMONT HOTELS & RESORTS 费尔蒙酒店	• RADISSON PLAZA 雷迪森酒店
• PARK HYATT 柏悦酒店	• SWISSOTEL HOTELS & RESORTS 瑞士酒店	• MGM 美高梅钓鱼台
• GRAND HYATT 君悦酒店	• MARRIOTT INTERNATIONAL 万豪国际酒店集团	• PAN PACIFIC HOTEL 泛太平洋大酒店
• HYATT REGENCY 凯悦酒店	• THE RITZ CARLTON HOTEL 丽思卡尔顿	• GENERAL HOTEL MANAGEMENT, LTD. (GHM) AHN LUH HOTEL
• LEGENDALE HOTEL BEIJING 北京励骏酒店	• JW MARRIOTT HOTEL JW 万豪酒店	• NEW WORLD HOTEL 新世界酒店
• STARWOOD HOTELS & RESORTS 喜特屋酒店集团	• RENAISSANCE HOTEL 万丽酒店	• KEMPINSKI HOTEL 凯宾斯基酒店

图4-5　鸣海制陶在中国的部分合作酒店(图片来源:鸣海中文官网)

在其众多网络商城中,天猫旗舰店商城销量最高,京东、亚马逊较低。其天猫旗舰店开设于2014年。店内第一笔评价为2018年2月,2019年4月至10月,半年462个评价,总体评分在4.9分以上(5分为满分),顾客满意度较高。店内共计174种商品,价格区间为130~8160元,总销量最高的是200元的碗组合,销量1038套,销量前十的商品价格区间为160~510元。

图 4 - 6　Narumi 的天猫线上商品(图片来源:Narumi 天猫旗舰店)

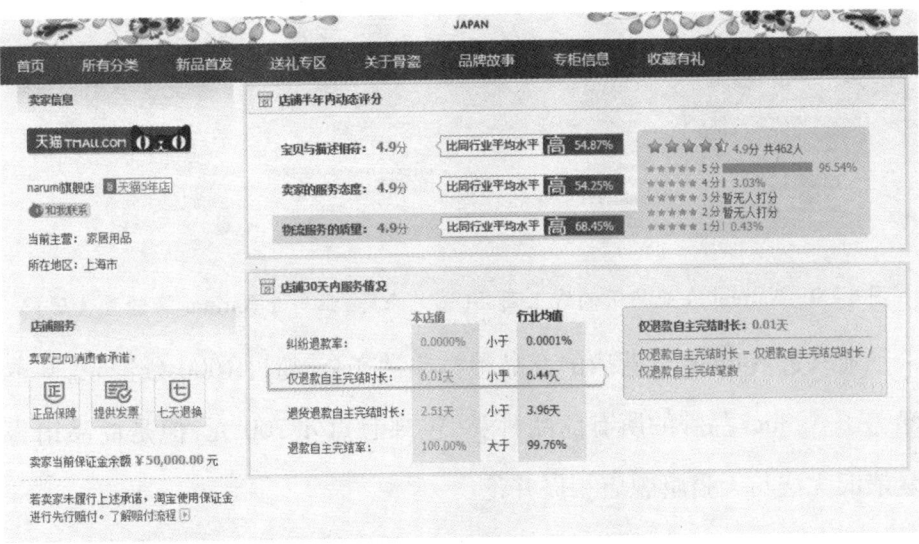

图 4 - 7　Narumi 天猫旗舰店的评分

　　因为网站设计关系,京东鸣海旗舰店无法观测到销售数据,但是评价数量最多的只有 9 个。根据评价的数量来推测,其整体销量较低。

图 4-8　Narumi 在京东的线上商品(图片来源:Narumi 京东旗舰店)

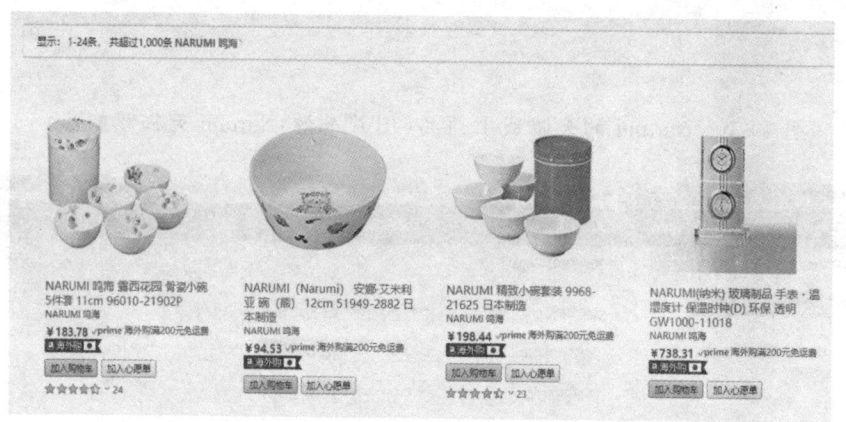

图 4-9　Narumi 在亚马逊的线上商品(图片来源:亚马逊 Narumi 海外直营店)

　　亚马逊 Narumi 直营店的商品种类非常齐全,超过 1000 条记录,基本涵盖了 Narumi 品牌的所有商品种类,包邮起点才 200 元,但是商品销售量依旧无法与天猫旗舰店相提并论。

　　在各大线上商城的资料收集过程中,我们发现了一个非常有趣的现象。中国境内鸣海销量最高的商品,上述三家均为露西花园骨瓷小碗 5

件套。其中,售价最贵的是京东鸣海旗舰店,为 480 元;最便宜的是亚马逊 Narumi 直营店,为 183.78 元;销量最高的是 Narumi 天猫旗舰店,售价 200 元,总销量 1040 件(2019 年 10 月 9 日数据);销量最低的为京东鸣海旗舰店,只有 9 个评价。而更为有趣的是,日本鸣海官网商城中该套装碗售价为 3850 日元,单个 990 日元,折合人民币价格约为 255 元/套,比亚马逊直营店和天猫旗舰店都要贵不少。

　　日本一共有三家较为知名的骨瓷品牌,NIKKO(日光)、Narumi(鸣海)、Noritake(则武)。三家都做骨瓷,在世界上也算是小有名气。其中则武、鸣海均在中国开设了网络旗舰店,但是则武的天猫旗舰店基本没有销量,处于停滞状态,而 Narumi(鸣海)旗舰店自 2018 年正式营业以来一直表现得比较积极,经常参加天猫举办的各类营销活动,在陶瓷类总体排名中虽然不是靠前的商家,却是淘宝骨瓷商铺 42329 家中排名第一的骨瓷销售店铺。

　　从当下鸣海制陶株式会社零售点布局、价格的定位、合作商家数量、层次来看,它非常重视中国中高端市场的开拓,在骨瓷这个陶瓷的细分市场中可能会对其他中国品牌造成威胁。

图 4 - 10　日本 Noritake 品牌的茶壶

图 4 - 11　日本 NIKKO 品牌的骨瓷碗盘

4.2　国瓷红叶

中华人民共和国成立后,景德镇的制瓷业走上了崭新的发展道路,享誉中外的景德镇十大瓷厂相继成立。"中华向号瓷之国,瓷业高峰是此都",正是瓷都景德镇的真实写照。

景德镇陶瓷集团有限责任公司总部位于景德镇市陶瓷园区红叶路66 号,于2018 年7 月1 日正式挂牌成立,注册资本27799 万元,占地面积约330 亩,具有年生产高档日用瓷、陈设瓷、艺术瓷3000 万件(套)的能力,是一家集陶瓷研发、设计、生产、销售和品牌推广于一体的现代化大型国有企业。集团下辖景德镇红叶陶瓷股份有限公司、江西省陶瓷进出口有限公司、景德镇国瓷馆陶瓷有限公司、景德镇金品陶陶瓷有限公司四

图4-12　国瓷红叶"如意"系列

个子公司,有江西省陶瓷工业公司国家用瓷办公室、景德镇陶瓷协会两个成员单位,拥有红叶、金品陶、百花和家好四大品牌。"红叶"作为集团主打品牌,坚持景德镇最正统的陶瓷工艺与现代造型纹饰的结合,产品器型规整、瓷质细腻、釉面莹亮、花色新颖别致,因无铅、无镉、无毒、耐高温,被誉为"国际绿色环保健康陶瓷",为国家免检产品、中国日用陶瓷市场最具价值典范的品牌。

图4-13   国瓷红叶"国·色"系列

景德镇红叶陶瓷股份有限公司是对十大瓷厂中的为民瓷厂、红星瓷厂、光明瓷厂和陶瓷窑具厂进行陶瓷技术改造后于1996年应运而生的一家生产经营高档日用瓷、礼品瓷、陈设艺术瓷及高档窑具的大型企业,集研发、设计、生产、销售于一体。公司注册资本14935万元,拥有固定资产1.1亿元,员工800人。公司年生产高档日用高白细瓷600万件,是江西省工业旅游示范点、景德镇日用陶瓷标志性企业、全国重要陶瓷出口基地,产品远销欧美等国家。

发展理念

"红叶"坚持"秉承传统、引领时尚"的发展理念,不断自我创新与发展。

传承与创新是陶瓷发展的一条永恒定律。在信息化大爆炸的时代,随着制瓷工艺和设备的不断改进,陶瓷行业百花齐放。作为有着千年瓷韵的景德镇瓷人,内心更多的是一份信念与执着,对古时的信念与今日的执着。我们心存感恩,感恩祖辈的智慧与艰辛,感恩陶瓷人的创意与拼搏,感恩每一位顾客给予我们的支持与信赖。在世界舞台上,我们将以更加专业化、诚信化的产品与贴心的服务,向世界再现景德镇美好的制瓷文化与精髓。

图 4-14　国瓷红叶"舞动之花"餐具

战略布局

景德镇红叶陶瓷股份有限公司多次亮相国家重大场合,被誉为"国瓷""外交瓷"。从 2001 年的中南海专用瓷、上海 APEC 会议用瓷,到 2003 年人民大会堂国宴用瓷,再到 2009 年国庆 60 周年庆典用瓷;从 2004 年助阵雅典奥运会,到 2005 年作为美国前总统乔治·布什夫妇 60 周年钻石婚姻纪念礼品,到 2010 年"和平之歌"餐具纪念联合国成立 65 周年,再到 2018 年"舞动之花"绽放平昌冬奥会,2022 年"红叶"将继续点燃北京冬奥会。目前,红叶陶瓷股份有限公司线下下设四个中高端日用瓷工厂,一个员工控股传统日用瓷公司,一个窑具公司,一个形象店铺,一个展览体验馆;线上在天猫开设红叶景德镇专卖店、红叶居家日用瓷旗舰店,还有红叶京东自营旗舰店、国瓷红叶官方微信商城、红叶陶瓷商城。

图 4-15　国瓷红叶"国宴牡丹"系列

图 4 - 16　国瓷红叶"绿金富贵"系列

1. 线下布局

（1）一厂——中国景德镇瓷厂

一厂是以创世界一流产品为目标发展起来的一家生产高档日用瓷的外向型企业,为全国陶瓷技改样板厂。20 世纪 90 年代初,该厂从德国全套引进世界一流的制瓷设备和技术,主要生产的红叶牌高档日用细瓷产品有中西餐具系列、茶(咖)具、彩盘系列以及宾馆酒店系列用瓷。"红叶牌"产品是中南海、人民大会堂、国宾馆以及上海 APEC 会议专用瓷特供产品,又是国礼瓷的特供单位,是景德镇最有代表性的产品。

（2）二厂——景德镇红叶陶瓷股份有限公司二厂

二厂是国家"八五"期间陶瓷重点技术改造项目，是一家现代化生产企业，是景德镇市生产高档日用细瓷骨干企业。等静压成型机、万能滚压机、杯子线、快速高温烤花窑等关键设备的引进，使二厂的日用陶瓷生产技术和装备处于国内陶瓷行业领先水平。生产品种主要有各式中西餐具、茶具、咖啡具和高档宾馆系列瓷。

（3）三厂——景德镇红叶陶瓷股份有限公司三厂

三厂是景德镇陶瓷生产及出口骨干企业之一。与二厂一样，三厂也是国家"八五"期间重点陶瓷技术改造项目。三厂拥有健全的质量管理体系，并通过了 ISO9001:2000 认证，为美国佛茨公司定点生产企业。生产的炻瓷品种齐全，技术含量高，主要理化指标处于国际水平。其产品适应洗碗机、微波炉的使用，远销美国、欧洲等国家和地区。

（4）五厂——景德镇红叶陶瓷股份有限公司五厂（实验工厂）

五厂（实验工厂）由景德镇陶瓷股份有限公司设立于 2013 年 6 月，致力于传承和发扬景德镇陶瓷文化，将精湛的传统陶瓷文化和现代陶瓷工艺艺术相结合，是集陶瓷产品的研制开发设计、新品实验、生产、营销为一体的特色陶瓷企业。五厂以高端艺术陶瓷、日用陶瓷、把玩收藏陶瓷、奢侈品陶瓷为特色。

（5）景德镇金品陶陶瓷有限公司

为适应现代企业发展的需要，做强做大陶瓷产业，2008 年 4 月由景德镇红叶陶瓷股份有限公司按现代企业制度要求发起设立并全资控股，专注于景德镇传统特色陶瓷和艺术陶瓷产品研发、生产的景德镇金品陶陶瓷有限公司，是景德镇传统特色日用陶瓷和艺术礼品瓷的专业生产与研发企业，致力于景德镇特色艺术礼品瓷和高档日用瓷的研发与批量生产，为客户提供高层次、高品位的产品。主营特色产品是景德镇传统特色的釉彩手绘。

（6）景德镇红叶陶瓷股份有限公司高档窑具公司

景德镇红叶陶瓷股份有限公司高档窑具公司是国家"八五"技术改造项目，从世界跨国集团圣戈班公司引进碳化硅高档窑具生产线，采用世界一流水平的诺顿（Norton）配方和标准，年生产各种规格的碳化硅匣钵、棚板以及垫板、支柱720余吨，生产规模、技术水平和品种规格均在全国同行前列。

（7）国瓷馆

国瓷馆建筑面积20000平方米，一楼共分大厅、餐具区、茶具区、文具区（包括咖啡具）、游客操作体验区、艺术花瓶软装区、特色工艺展区、单品陶瓷超市、酒店白瓷、轻餐饮区、书吧和小卖部零食区。二楼为国宴大厅、红叶馆、陶瓷文化馆、景德镇陶瓷馆、智能影音（陶瓷新品新技术）发布中心、世界陶瓷馆、国宴厅（展出中南海用瓷、钓鱼台国宾馆用瓷、人民大会堂用瓷）、APEC 情景展区。整个展馆功能清晰、流畅，色彩淡雅，稳重大气，采用了现代与古典相结合、静谧与繁华共存的风格，展现了历史与现代的碰撞，自然与建筑的融合。

图 4 –17　红叶国瓷馆内景

（8）红叶一号店

红叶一号店地处景德镇市中心广场南路的新地标景瀚陶瓷广场最醒目的位置,是景瀚陶瓷广场的主推店铺,店面分为上、下两层,店内商品价格从百元到万元不等,各式餐具、茶具、摆件应有尽有。

图 4－18　红叶一号店内的陶瓷商品

2.线上布局

（1）红叶居家日用瓷旗舰店是 2018 年 6 月 29 日由南昌市诺曼贸易有限公司转让给景德镇红叶陶瓷股份有限公司的。近半年有 526 人为其评分，动态评分维持在 4.8 分。店内共 48 件商品，产品价格区间为 9～3680 元。店内销量最高的产品是红叶陶瓷景德镇陶瓷 10 头骨瓷碗套装，价格为 68 元，总销量 1939 套。销量前十价格产品区间为 9～399 元。

（2）红叶景德镇专卖店是景德镇陶瓷股份有限公司主营天猫店铺，虽然店铺显示是 5 年老店，但是其第一个评价是 2018 年 6 月。近半年有 286 人为其打分，动态评分维持在 4.8 分。店内共 69 件商品，产品价格区间为 8～3980 元。店内销量最高的产品是 28 头釉中彩红叶陶瓷餐具套装，价格为 690 元，总销量 1351 套。销量前十价格产品区间为 8～1380 元。

（3）红叶京东自营旗舰店是京东自营商铺，店内一共只有十件商品，价格区间为 158～7729 元。根据评价推断，销量都不错，平均每件商品评价数在 990 个以上。其中评价数量最多的是红叶餐具套装碗碟 56 头伊丽莎白骨瓷，有 3900 多个评价，商品标价 799，折后最低成交价 560 元。

国瓷红叶官方微信商城因销量较低，暂时不具备比较价值，红叶陶瓷商城没有销量数据显示，暂时也不做特别分析。三家中国主流平台网络红叶陶瓷店铺商品种类均不算多，经过比对，三家商品基本没有重复，但是从店铺装修风格、商品价格定位来看，并没有区分明确的客户针对群体，商品不同可能是集团内部运营部门有所区别。

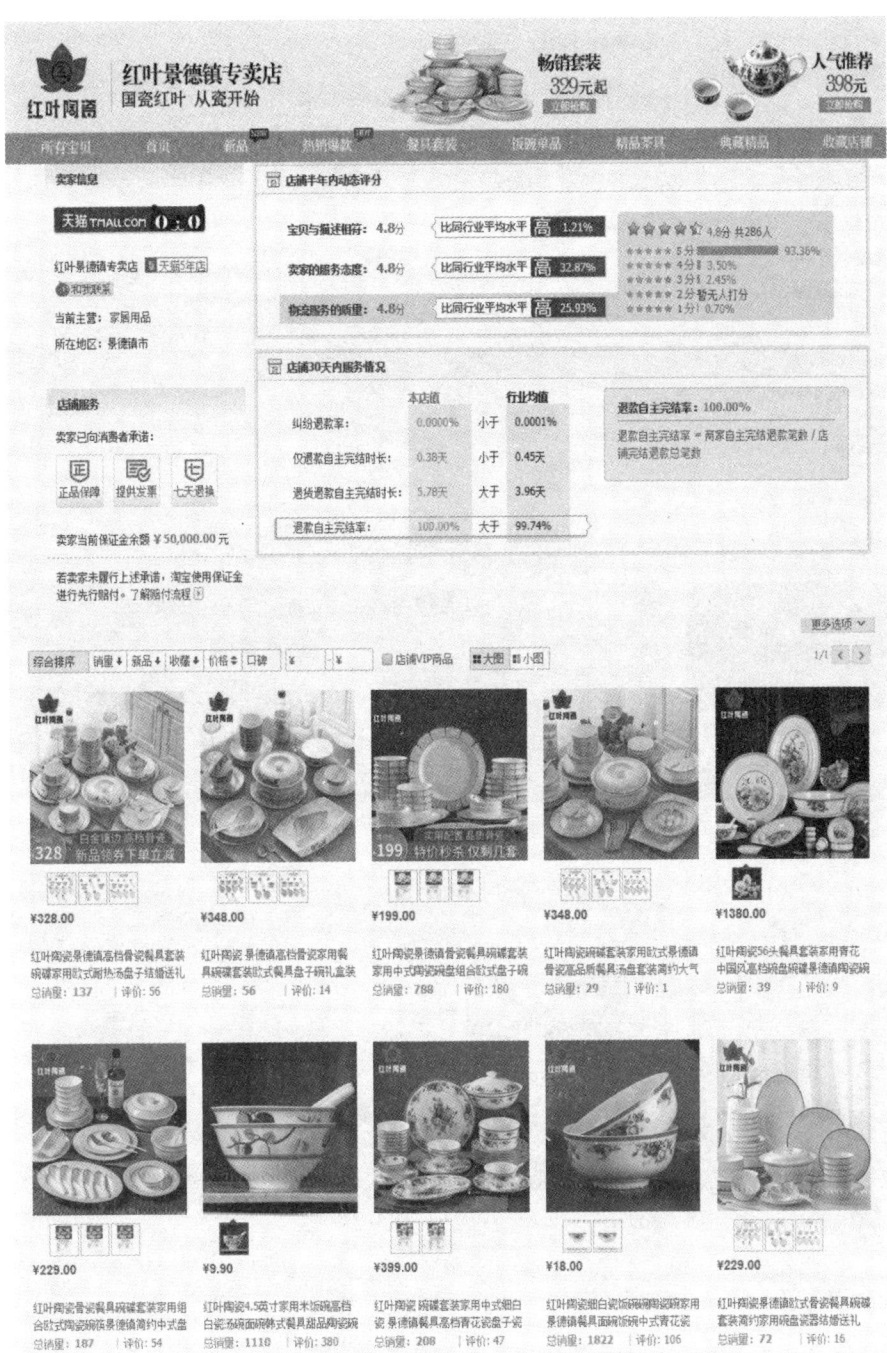

图 4 - 19　红叶天猫店的评分和商品

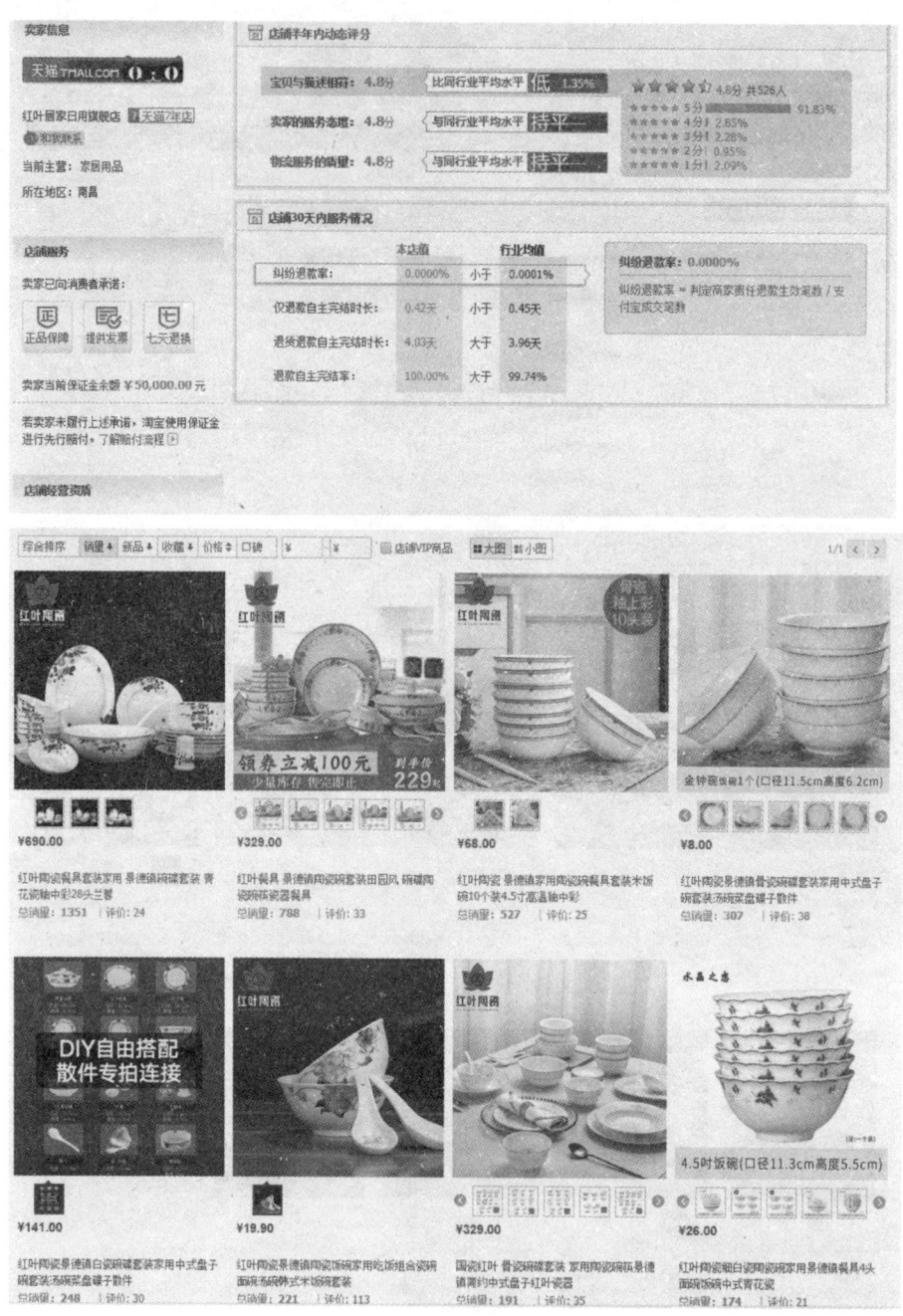

图 4－20　天猫红叶居家日用瓷旗舰店

图 4-21　红叶京东自营旗舰店

4.3　松发瓷器

　　广东松发陶瓷股份有限公司于 2002 年诞生于广东潮州,是集陶瓷产品设计、研发、生产、销售为一体,主要经营家庭用瓷、定制瓷和酒店瓷等日用陶瓷用品,产品涵盖餐具、茶具、咖啡器皿、陈列瓷、艺术收藏瓷以及不锈钢、水晶及玻璃等家居用品的上市企业。

　　松发素以科技创新和工艺独特而著称,先后为人民大会堂、中南海、东盟博览会和亚欧首脑会议研制生产国宴用瓷及礼品瓷,并获得中国外观设计优秀奖和被誉为设计界"奥斯卡"的红点奖等多项荣誉。松发产品远销海内外,长期成为"都会新贵的喜爱"——美国 Crate & Barrel 家居店之热销品牌。在成立后的第 13 年,松发成功上市,成为上海主板的上市企业。

图 4-22　松发瓷器之人民大会堂用瓷

主营业务

　　公司是一家集研发、设计、生产、销售及服务于一体的专业化、高品质日用瓷供应商,主要产品包括日用瓷、精品瓷和陶瓷酒瓶。日用瓷主要包括家庭用瓷、酒店用瓷、餐厅用瓷等产品系列,以自主研发、创意设计的特、异型产品供应国内外市场。

图4-23　松发瓷器"丝绒时光"

经营宗旨

以"专注、专业、价值"为企业经营的核心宗旨:专注——专注于日用陶瓷行业的发展;专业——以最精湛的专业技术引领日用陶瓷产品的创新研发;价值——坚持以"创造价值"为企业发展之源,致力于为社会奉献财富,为企业赢得名誉,为股东创造利益,为员工成就未来。

图4-24　松发瓷器酒店用瓷"希世光华"

图 4-25　松发瓷器之婚庆定制瓷盘

经营模式

（1）生产模式：公司外销产品以以销定产为主，内销产品采用以销定产和库存生产相结合的生产模式，主要供应家庭用瓷、酒店用瓷和商务定制瓷。产品的生产经营模式方面，公司采用 ODM/OEM 与自主品牌相结合的生产经营方式。

（2）采购模式：公司的主要原材料为高岭土、长石、石英、硅酸锆、瓷泥、釉料和花纸等，主要能源为液化石油气和天然气。公司设有专门的采购部门，负责采购信息的收集、市场调研等，组织采购并及时总结反馈市场表现。公司产品生产所用的原材料主要是瓷泥，瓷泥主要由高岭土、长石、石英等配制而成。公司的高岭土主要从广东、福建、湖南等高岭土主产区采购，瓷泥除了部分由自身的瓷泥车间生产供应外，还有一部分向周边的瓷泥厂商购买。公司生产所需的主要能源为液化石油气和天然气，可向附近的能源供应企业采购。公司所在地能源供应稳定、充足,且公司与主要能源供货商建立了长期稳定的合作关系,能源采购得到了良好保障。

(3)销售模式:公司的销售分为内销和外销两部分,按产品系列需求分别配置内销、外销渠道。内销产品采用以销定产和库存生产相结合的模式,产品主要分为日用瓷、精品瓷等系列,产品的销售采取直销或经销模式,公司客户覆盖雀巢(中国)、希尔顿、万豪、香格里拉等知名企业集团。公司通过参加国内外大型展会,建立产品展示中心,设立直营店,同时布局全国 KA 连锁,主要有大润发、卜蜂莲花、永辉超市、华润万家、家乐福、联华超市、新华都、广州百货等大型商业超市。目前,公司的全国性 KA 和区域性连锁门店达到 700 家,系统门店铺货突破 2400 家,专营门店也进行了 2.0 版本的升级,打造主题化和场景消费体验。电商平台上,快节奏和高效率支持各平台,以唯品会、天猫和京东三大渠道进行重点布局,还拓展了云集、环球捕手、拼多多等新兴社区电商平台。

唯品会松发特卖价格区间为 15～1980 元,因唯品会经营模式是打折清仓型,所以最高的销量仅有几百件;松发瓷器京东自营旗舰店价格区间为 9.9～1580 元,销量前十的商品价格区间为 9.9～399 元,销量最高的是松发陶瓷碗碟套装 20 头餐具套装,共销售 1.2 万件以上,折后价格为 45～89 元(根据参与活动不同,成交价格有区别);松发瓷器天猫官方旗舰店价格区间为 20～3980 元,销量最高的是松发陶瓷 28 头碗碟套装——家用中式 6 人食骨瓷餐具欧式简约碗盘子组合,价格 368 元,总销量 4442 件,销量前十的商品价格区间为 20～399 元。

图 4 - 26　松发瓷器京东自营旗舰店

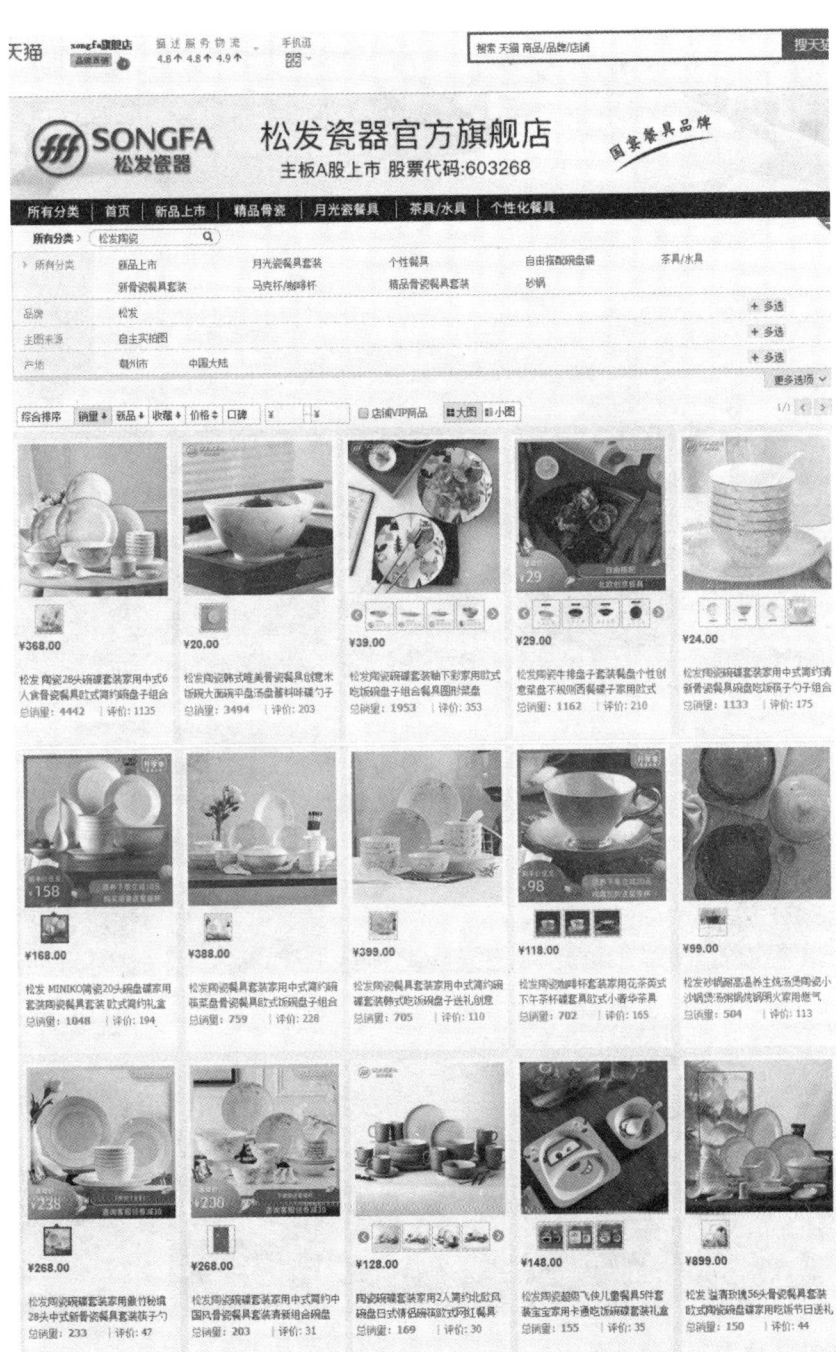

图 4-27　松发瓷器天猫官方旗舰店

图 4 - 28 唯品会松发特卖

图 4 – 29　天猫松发瓷器官方旗舰店

比较特殊的一点是,松发陶瓷三家主营电商店产品布局高度重合,价格却差异较大。桃花系列餐具淘宝价格为 299 元,唯品会是 128 元;神气飞扬系列京东标价 89 元,折后可低至 45 元,唯品会价位 69 元;桃花源系列天猫 28 头餐具价格为 368 元,折后 318 元,唯品会同款 18 头餐具 128 元;雪乡系列天猫价格 399 元,折后 349 元,唯品会价格仅为 49 元,差价近 8 倍。以上几种餐具均为松发电商的主营销量产品,大部分商家在电商布局时价格差别都很小,或者会有意识地区分不同商品的投放渠道,而松发却反其道行之。这样的销售布局手法在当下的主流日用瓷电商中很少见,也许是不同部门各自为政产生的差异,也可能是刻意为之,通过网络商城价格的悬殊对比,利用消费者占便宜的心埋米促进某一电商平台的销量。

外销产品采用以销定产的模式,主要针对的是中高档日用陶瓷产品,客户群体主要为酒店、连锁商业超市及经销商,主要销往欧洲、北美洲、大洋洲、中东等地区,目前已经与世界上 50 多个国家和地区的 160 多

个客户建立了长期稳定的合作关系,包括英国的 Tesco、美国的 Crate &
Barrel、澳大利亚的 HAG 等知名企业。多元化的销售渠道和营销网络以
及广泛的客户群,提高了公司整体抗风险能力,为公司的持续盈利奠定
了良好的市场基础。

松发陶瓷未来发展战略

受国内环保持续高压的影响,目前不少小陶瓷厂关停淘汰,日用陶
瓷产业的发展机遇与挑战并存。随着经济的全面发展和生活水平的不
断提高,民众对日用陶瓷的质量、美观要求愈加重视,陶瓷的发展已成为
文化艺术和时代进步的重要标志。未来,我国日用陶瓷产业将朝着降能
耗、降成本、健康绿色化、设计艺术化的方向发展。

在这个大背景下,陶瓷企业应加强品牌运营管理,努力实现由产品
输出向品牌输出的转型,从而不断提高产品的附加值和市场竞争力,品
牌建设已成为陶瓷行业未来发展的重点。

"互联网 +"时代的来临也给日用陶瓷企业提供了绝佳的新机遇,电
子商务的出现成为陶瓷企业渠道拓展的新利器。未来,松发陶瓷会继续
在电商平台深耕,通过"互联网"与"大数据"的结合,对目标客户进行精
准、差异化的产品推广,发掘更受消费者欢迎的日用陶瓷产品新器型、新
花色,生产简约、有质感的产品,从而为日用陶瓷企业带来新的发展
商机。

五、中日陶瓷经营——艺术瓷篇

5.1 中国艺术瓷——景德镇

中国作为"瓷器之国"蜚声全球不无道理,而在其中,景德镇用它底蕴深厚的陶瓷文化留住了世人的脚步。[①] 景德镇作为中国瓷都,扬名中外长达千年之久,只要提到瓷器,人们自然而然就会想到景德镇。"景德镇"三字背后所凝练的历史文化,更是我国传统工艺不可磨灭的一部分。只可惜在当前激烈的市场竞争下,景德镇未能顺应时代的瞬息万变。[②] 所以,今时今日,在日用瓷、先进材料、卫浴等陶瓷产品领域,景德镇仍然落后于国内其他产区。

图 5 - 1　秦锡麟陶艺作品

---

① 于萍:《中国元素:在时尚流转中重生》,《三联生活周刊》2008 年第 12 期,72 - 76 页。
② 邱佳韵:《景德镇陶瓷区域品牌激活研究》,《华东交通大学学报》,2012 年。

但是在传统的手工艺术瓷领域,景德镇仍旧是国内首屈一指的产区。粗略计算,景德镇拥有国家级、省级工艺美术和陶瓷艺术大师200多位,陶瓷类高级工艺美术师1000多位,可谓是个遍地出"大师"的艺术城市。这些活跃在景德镇的陶艺家们精雕细琢,把一点一画、一情一意蕴含于泥土的厚实中,精心烧制成与众不同的、具有艺术特色和魅力的作品,表达着内心情感,释放着创作欲望,展示着景德镇最古朴、高端的艺术。

图 5-2　刘远长瓷塑作品

景德镇的艺术瓷多为陈设瓷,例如瓷板画、瓷雕、瓶、罐、尊等器物,如将其按等级区分的话,可以分为高端艺术瓷、中端艺术瓷和低端艺术瓷。国字号大师、省大师、高校教授的作品可以归于高端艺术瓷,其作品工艺精湛、手工精致、风格独特、辨识度高;中端艺术瓷作品由市大师、有一定知名度的匠人、高校讲师出品,其作品工艺较为精致,有些已初具个人风格,具有一定的辨识度,与市场上的大通货有明显的区别;低端艺术瓷多见于小商贩、小作坊,作品原创少、仿制多、工艺粗糙。不同种类级别的艺术瓷的销售方式、消费对象也不同。因低端艺术瓷多混杂在日用瓷中一并销售,其经营方式比较普遍,所以本书仅对中高端艺术瓷市场进行分析。

图 5-3 何炳钦陶艺作品

刘刚、刘晓琼曾在 1998 年出版的《艺术市场》一书中指出,可供艺术家选择的艺术品销售渠道主要有艺术家私下直接出售、通过代理人或经纪人出售、艺术品拍卖、艺术品展卖等。直到 2019 年的今天,这些早在 1998 年就已经出现的销售方式,仍然是现在景德镇高端艺术瓷的主要销售渠道。

经营方式

(1)自产自销

马来西亚国际著名趋势专家冯久玲曾来景德镇和一些陶瓷工艺美

术大师、学者交流。她在《文化是好生意》一书中写道："我在镇上陶瓷街走了不到三分之一的路程，兴致就已消失，不同品牌相同商品，设计千年不变……粗制滥造次等货色和恶性循环的减价方式并不能为艺术的复兴指出一条路，虽有一些常识，却和国际的距离相差很大。"她指出了景德镇现在的陶瓷品牌销售环境以及质量低劣、恶性竞价等弊端。她提到大多数大师为了避免上述问题，采取在家中或工作室直接销售的方式。

陈雨前教授在《景德镇陶瓷创意产业发展报告》中提出了"现代化企业加艺术家模式"。他认为，陶瓷艺术家和华谊兄弟的演艺明星应该是具有相似性的，即二者都属于人力资本，都属于稀缺性资源，陶瓷艺术家、陶瓷大师都是多种身份的集合体，作品的创意、构思、制作、销售和策划等往往由本人或少数人完成，自产自销是绝大多数陶瓷作坊的典型特征。

以上两位知名学者均从各自角度分析了景德镇中高端艺术瓷销售中面临的客观情况，所以时至今日，景德镇的大部分大师、教授们因其品牌知名度、产品特质等原因，一般习惯采用直接在作坊销售作品的模式，这属于超短渠道中的直接渠道。买卖双方可以面对面进行交易，作品直接从作者手中传递给消费者。这时候的陶瓷大师身兼艺术创作者和销售者的双重身份，消费者在大师作坊购买艺术瓷可以更为直观地感受艺术氛围，体会大师作品的特色，从而选择出更符合自己审美情趣、价值观的产品。这种销售模式是景德镇中高端艺术瓷长期存在的特有的销售方式，艺术家的工作室代替了国外画廊的功能。主要原因有以下几个方面：

①消费者直接在大师作坊购买产品，可节约运输费、中介费等费用，售价更具吸引力；

②陶瓷作品可确保质量,无须担心赝品的问题;

③陶瓷是易损品,这种销售渠道可最大限度地降低流通过程中的损耗;

④便于买卖双方及时沟通信息。

但这种销售模式的弊端也很明显,除了价格不透明,艺术家们身兼数职,很难静心创作,并且购物门槛较高。很多艺术家的工作室大隐隐于市,如无专人引领,消费者很难找到他们的工作室,而他们的工作室一般都需要预约,并不是时刻对外开放的。

（2）展览会展卖

这也是一种超短渠道,相对于在家中或是作坊中直接销售的模式,这种销售渠道更为积极主动。这种方式主动地将各种优秀陶瓷作品汇聚起来,直接面对消费者群体,更好地普及艺术瓷知识,拉动消费市场。

图 5 - 4　展览会展卖陶瓷作品

对于艺术家们来说,展览会展卖通常有固定专题,可以综合性地展示自己的作品特色,输出品牌文化,扩大知名度和影响力;对于有这方面需求的消费者来说,展览会展卖的作品一般价格较为优惠,不设门槛,交易成功率高于拍卖会,而且也可通过多方比较选择更适合自己的作品。

(3)通过代销商销售

在市场调研时,一名业内人士如此评述:"就目前的景德镇陶瓷市场而言,行内除去个别特别有名望的国家级工艺美术大师,像我们这种省级大师,都必须去亲自吆喝,自己兜售自己的陶瓷作品。画得好的,就会找一个艺术品经纪公司包装、宣传之后再投向市场。"例如,中国工艺美术大师张松茂先生的瓷板画《三顾茅庐》之前一直挂在家中采用直接销售的模式,高昂的价格让消费者望而却步,可之后在代理商的手中,通过有效的宣传包装,以150万元的高价售出,代理商也从此名声大振。当然,这也因为张松茂本身就是知名的国字号大师。

在艺术家作坊直接购买陶瓷作品的群体比较有限,这主要取决于艺术家本人的知名度或者渠道,而多数艺术瓷会通过代理商或经销商销售,属于销售渠道中的长渠道。在整个销售过程中,代销商和艺术家们分工明确:代销商保证艺术家的收入,确定售卖作品的数量;艺术家们则负责作品的质量和数量。但在景德镇艺术瓷市场的实际销售情况中,无论是独家代理还是对多位艺术家的作品长期运营,都有充分的计划。①

代销商在景德镇也分为两种,一种是纯代销模式,卖出去后再结账;还有一种是相对比较小众的自有工作室同时也代销一些高端艺术瓷的模式。后者有点类似画廊的性质,他们有一批长期固定合作的中端艺术瓷创作群体,商家会按照自己对市场的理解,挑选或者向艺术家下单定

---

① 章金萍:《艺术品市场营销渠道选择与创新》,《美苑》2006年第6期,第35-39页。

制一些作品进行售卖。这种定制以艺术家交作品便按件结账的方式,结账的价格和代理的价格是有一定落差的,如工作室的销售渠道比较开阔的话,获得的利润也会更多。

（4）拍卖

拍卖是通过拍卖行在一定时间内将各种作品集中在某个地点,按照一定的规章制度公开叫价竞购,将拍品所有权转让给最高叫价者的买卖活动。所以,这种销售渠道在三公原则（公平、公正、公开）以外能够追求竞争最大化和利润最大化,属于销售渠道的短渠道。但对于消费者来说,拍卖会上的艺术瓷作品,往往存在艺术家的名声陷阱和艺术炒作嫌疑,高价格并不一定能买到好作品。

（5）网络销售

近年来,随着电商的兴起,景德镇艺术瓷行业从业者也越来越多地开始使用这种销售渠道,有的在淘宝上开设商铺,有的在抖音、火山等直播平台做起了直播,这些都属于短渠道销售。网络销售的优劣明显,优点不外乎是买卖双方跨越了地域、时间障碍,交流方式便捷,为艺术家减少了流通费用,降低了成本。但另外两个劣势也尤为突出:一是网上购物很难鉴别作品的真伪,真品和赝品之间的价格区间相差很大;二是中高端艺术瓷本身就属于特殊商品,价格昂贵,目标消费群体和广泛的网络用户不相匹配。

（6）多重身份的品位店铺

近几年,景德镇的一些网红打卡点出现了很多比较具有个人风格的品位店铺,有"溪涧堂"这样的"酒店＋瓷"模式、"行以线空间"这样的"饭＋瓷"模式、"宝画廊"这样的"展＋茶＋瓷"模式,还有"陶艺体验＋瓷""咖啡＋瓷"等各种混搭模式经营的店。他们出售的多数是混搭的餐点、咖啡、服装等,陶瓷主要作为一个理念的传递品,商家更多的时候抱着姜太公钓鱼——愿者上钩的态度吸引消费者。这种经营模式多数是中青年陶艺家的副业。

图 5 - 5　景德镇的品位店铺

5.2　日本艺术瓷

日本陶瓷艺术的发展有三大特点。第一,考古资料表明,日本的绳纹土器堪称世界上最早的陶瓷艺术作品。第二,日本是个岛国,狩猎生活的原始时代持续了 1 万年以上,文化发展远远落后于内陆国家。因此,在相当长的历史时期内,日本陶瓷艺术的发展,不要说与中国相比,与越南和朝鲜比都相差甚远。第三,1868年明治维新以后,日本国力增强、观念更新,从欧洲引进了先进的工业技术,陶瓷产业飞速发展,现已成为世界陶瓷强国。①

回顾日本陶瓷艺术发展历史,从绳纹土器产生到现在,经历了几次较大的演变,在一次次学习中,日本陶瓷艺术形成了自己独特的陶瓷文化。第二次世界大战后,日本陶艺家八木一夫倡导前卫陶艺,在他的大力推动下,日本陶瓷艺术出现了两种不同的倾向,一种是以使用为目的的陶艺,另一种就是观念性的前卫陶艺。这两种形式渗透到社会的各种文化领域中,日本陶瓷艺术开始了长达30年的兴旺期。20世纪80年代后期到90年代初期,日本陶艺在泡沫经济的影响下,艺术品市场十分火爆。伴随着利益的诱惑,日本国民对陶艺的热爱达到了空前的狂热程度,陶艺创作随之兴旺。但表面的繁华背后潜藏着危机,1993年以来,泡沫经济的副作用开始显露,日本经济持续下滑,艺术市场萎靡不振,曾经辉煌过的陶艺家们的生活也日益艰难。②

21世纪的日本陶艺家延续了两种不同形式的陶瓷艺术。制作生活陶艺的陶艺家,其作品多具有实用功能。例如日本陶艺家北大路鲁山人在《食器是料理的衣裳》一文中写道:"若只是吃,可以像远古时代的人们那样把食物盛在叶片上吃。但若想达到更高层次,就有必要选择容器。食物与料理,永远有着无法分离的密切关系,两者的关系可说如同夫妻一般。"正是对食器的想法和要求,使他最终成为一代陶艺大师。

---

① 郑宁著:《日本陶艺》,黑龙江美术出版社2001年7月第1版,第12页。
② 郑宁著:《日本陶艺》,黑龙江美术出版社2001年7月第1版,第12页。

图 5 - 6　日本人对陶瓷作为食器的实用功能十分看重

"用平底土锅做意大利面时,脑内便浮现大谷哲也先生那洒满了阳光的家;用铁绘小碗盛味噌汤时,鼻子便嗅到在城进先生家吃到的汤面的香气;把马铃薯色拉放于青花小盘时,耳畔便响起在市野吉记先生车内听到的爵士乐曲;将饼干起司放在黑白碟子作为点心时,嘴里就漾起矢岛操小姐分我的半个奶油面包的甜美。"①从林琪香的《器物滋养:寻访13 位日本陶瓷艺术家》一书中,我们可以充分感受到她在寻访日本陶艺家过程中接触到的非常具有生活气息的艺术品。它们也许是一只碗、一

---

① 林琪香著:《器物滋养:寻访13 位日本陶瓷艺术家》,广西师范大学出版社 2018 年 9 月版,第 1 页。

个盘子、一个小碟子,价格从几百日元到数千日元不等,即使如安藤雅信般知名的艺术家,一件器皿的价格也只是数千日元而已。个中原因除了定价太高的话没有市场,还有这些日本陶艺家们希望他们的生活艺术作品能被更多的人使用。

图5-7 日本陶艺家制作的陶瓷器物带有浓郁的生活气息

经营方式

日本艺术瓷的经营方式和中国比较相似,生活陶艺和前卫陶艺作品都会有自产自销、展会展销、代理商、拍卖等形式进行经营,但是又略有不同之处,具体如下:

（1）行业协会组织

在日本，每个城市区域有行业协会组织会组织陶艺家进行展示和销售。而日本的行业协会组织对这些艺术家有严格限定，其作品需要有一定的实用功能性才能参加，这样才能保证市民阶层受众会参与购买。

（2）艺廊与品位小铺

在京都、大阪等日本大都市的小角落里有一些比较特殊的陶瓷店铺，有杂货店 KIT、平凡小铺、货架、轰隆咚这样的品位小店，有山本艺廊这样的陶艺家自营工作室，还有炫彩器物这样的商店＋艺廊的组合。这些店铺经营者多数有自己独特的生活品位，开设店铺既是为了生存，又是为了传递自己的生活理念。店铺的经营者除了会引入陶艺家现有的作品，还会和陶艺家合作，定制适合现代人的越来越多元化的生活器物；有的店铺会设置咖啡厅，有的会安排亲子活动区域；在日常经营时，店主还会联合一些陶艺家举办主题展览，一间店铺、艺廊的身份可以说是售卖商品的店铺、生活理念的展厅、可以寻求定制的前台、亲子活动场所、休闲品茗之处等。

图 5-8　日本大都市小角落里的品位陶瓷店铺

六、中日陶瓷经营的思考

6.1　中日陶瓷企业经营比较思考

企业的经营理念是企业发展的基础,中日两国的知名陶瓷企业都有自己明确的经营理念。两国不同文化背景的企业在经营理念上存在很多方面的差异,这就导致在制度上有许多不同,相互间的学习、研究、借鉴,有利于更好地促进企业的长久发展。

(1)日本陶瓷企业的精益管理与中国企业的摸索前进

日本企业的内部控制环境,以京瓷为例,包含企业经营理念、经营者态度、企业经营方针战略、企业高层管理所起到的作用、企业的传统、企业的组织架构、人力资源管理等多个方面,比较细致完善。而我国企业的内部控制环境主要是机构设置、管理架构、权责的具体内容、企业的文化、人力资源管理和审计等方面。两国对于内部控制环境的界定存在一定的重复,但是相比之下,日本的更加细致和完善,日本通过经营战略和方针认识企业财务当中的问题,例如京瓷的单位时间核算制度。而我国在企业内部控制环境的管理中则比较笼统,处于不断发现问题、解决问题的摸索前进状态。虽然从整体现状来看,中国企业无法准确发现内部控制因素的本质问题,不容易形成要素分类的相关标准,但是我们在用符合自己国情的方式,根据市场需求不断创新,用业绩说话。

(2)日本陶瓷企业的极致节俭理念与中国陶瓷企业的以人为本

在对日本众多陶瓷企业的调研中,我们很少看到有企业为员工安排上班车辆的,大多数日本陶瓷企业员工乘坐电车上下班,甚至包括一些领导层。很多日本陶瓷企业没有购置社长办公用车,也很少聘请专职司机。员工外勤工作时,一般是开公司的营业用车或租车。这一点在中国陶瓷企业中比较少见,中国的陶瓷企业更加关心员工的舒适性和体验感,例如潮州三环集团安排专车接送员工上下班,设计图书馆、旅游、送车奖励等全方位关心员工生活。

(3)日本陶瓷企业的工匠精神与中国陶瓷企业的灵活变通

在日用瓷销售中,两国陶瓷企业均在中国知名电商开设了网络店铺,但是可以明显看到鸣海制陶的"宝贝与描述相符""卖家的服务态度""物流服务的质量"均高于国瓷红叶和松发陶瓷,而在市场调研的过程中,我们发现这并不是偶然现象,基本所有在中国开设了网络商铺的日本陶瓷品牌评分均高于淘宝其他陶瓷品牌店铺。逐一看消费者评价就会发现,日本日用瓷无论从瓷器本身、包装细节、服务方面均做得较为精致,相较于中国的日用陶瓷企业更具工匠精神。但是观察鸣海制陶、国瓷红叶、松发陶瓷这三家具有代表性品牌的线上销售情况,松发陶瓷明显是销量最高的。虽然松发陶瓷在三个电商平台上商品基本一致,价格落差却较大,但是不可否认的是松发的销量远高于传统的国瓷红叶和日本的鸣海制陶。细细比较后发现,松发陶瓷非常善于利用电商的各种折扣、促销策略,它的照片、图文比实物质量更精致的国瓷红叶做得好,它的打折、促销策略比鸣海制陶灵活,而且折扣力度非常大。虽然最后消费者的评价褒贬不一,但是它的销量和网络市场占有率却是实实在在的。不得不说,松发陶瓷对于网络市场的定位和销售手段了解得非常透彻,它的线上布局方式明显更接地气。

(4)中日陶瓷企业的全员经营

日本企业在发挥人的作用上,绝不是仅仅依靠经营管理专家,而是十分善于集中全体人员的智慧,大力开展全员经营。基于这一点,日本企业在努力培训人才的同时,尽量给青年职工一定的权利,以激发他们工作的积极性和创造性。同时,日本企业还采取了"店员储蓄制度""有红利的储蓄制度""投资储蓄制度"等形式,把全体职工的利益、希望与资本结合成为一个"综合体",进行所谓全员经营。京瓷的阿米巴经营便是个中的成功案例。中国的陶瓷企业也非常善于采用全员经营,比如九牧的互联网成名之战依赖的就是全体经销商的共同努力,但是这种案例在过去的中国陶瓷企业里运用得比较少。从整体来看,日本企业更善于利用这一策略。

在今天看来,中国的陶瓷企业正在一步步走向世界,与日本的一些知名陶瓷企业的差距正在逐步缩小。但是不可否认的是,中国陶瓷企业目前遇到的许多困难和瓶颈也是日本的知名陶企曾经遇到过的,日本陶企的经营理念、发展战略值得我们学习、借鉴。

6.2　中日艺术瓷的经营比较思考

中日两国艺术瓷的经营渠道大同小异,都是自产自销、代销、代理、展览会、工作室、艺廊这几种模式,两者区别主要在于产品理念的不同。

日本的艺术瓷领域很清晰地区分了生活陶艺和前卫陶艺,前者是日常生活使用的,后者更多用于陈设展示;中国的中高端艺术瓷领域大多数是陈设瓷,日用瓷比较少见。产生这样的区别,可能是中日两国人民观念上的差异。

(1)大众消费理念的区别

日本在20世纪中后期就跨入了发达国家行列,经济和社会发展水准较高,人民生活水准较高,对于生活品质的追求也较高,对于日用瓷有了多样化的需求。而中国还处于奋进、决胜全面建成小康社会的状态。虽然今天的中国是世界第二经济大国,但是与发达国家还有不小的差距,很多人对于日用瓷的要求还处于能用就行、节约为本的状态,包括瓷都景德镇许多人家里用的还是作坊里打折销售的次品。

(2)陶艺家的创作理念的区别

景德镇有一套非常完整的工艺流程,有专业拉坯、制模、制釉、烧窑的工匠,陶艺家只要提出思路,就有专人按照要求做好前期工作。陶艺家进行艺术创作后,将作品送入专门的窑场,由专业的烧窑师傅烧制而成,陶艺家享受造型的构思、釉料配制、调色、瓷上绘画的过程,所以作品多以陈设瓷为主。日本的陶艺家大多亲自完成拉坯、配釉、上釉、烧窑等每个工序,他们会在每一步骤中融入自己对生活的理念,他们享受整个创作过程。

图 6-1　景德镇三宝山云瓷谷里

(3)市场需求

除了大众对于艺术瓷的需求,中国国内艺术瓷的另一块主要市场是酒店、机场、公司等公共场合,它们会采购艺术瓷作为装点,提升氛围品位。在这种情境下,对于艺术瓷的需求就是陈设而非日用,这也是中国艺术瓷领域中生活陶艺较少的原因。而日本行业协会组织则会经常组织陶艺家在各个城市举办展会,并且要求参展作品具有实用性功能,所以在日本,生活陶艺品占据了主流艺术瓷市场。

正是这种市场环境,导致中日两国艺术瓷经营方式差不多,产品却差异性较大。但是,随着中国人步入小康社会,人们对于生活品质的追求也越来越高,在中国许多城市都开始慢慢有了类似日本的那种生活品位小铺,例如景德镇三宝的山云瓷谷里、见栗子杂货铺、空了作瓷等。在这样的市场需求的影响下,未来中国的生活陶艺作品也会走入寻常百姓家,从事生活陶艺制品的陶艺家也会越来越多。

图6-2　景德镇三宝见栗子杂货铺